Toma el control de tu vida

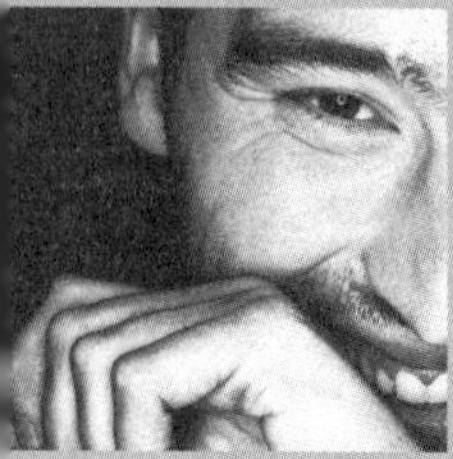
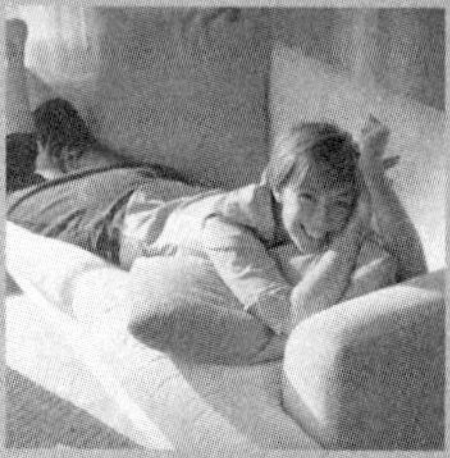
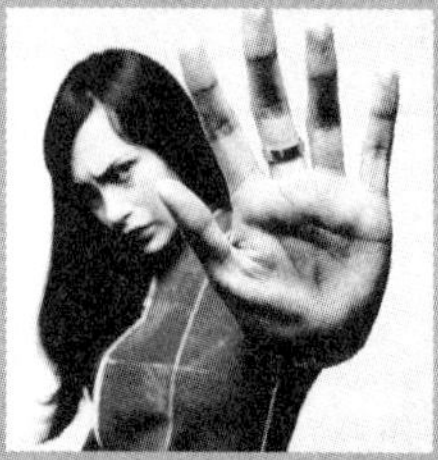
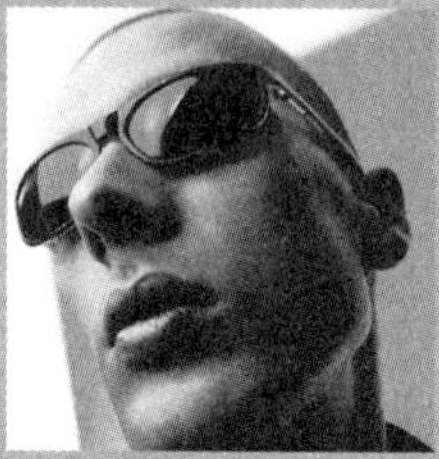
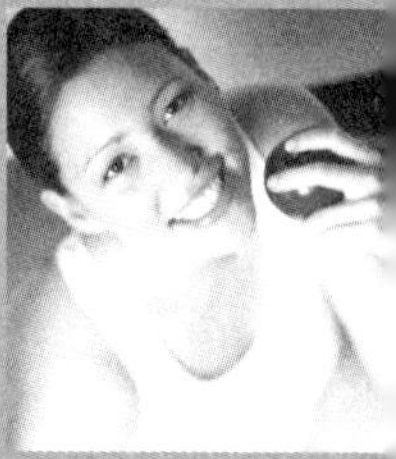

52 ideasbrillantes

una buena idea puede cambiar tu vida...

Toma el control de tu vida

Transfórmate en la persona que te gustaría ser

Penny Ferguson

Colección: Ideas brillantes

Título original: Transform your life
Autora: Penny Ferguson
Traducción: Mercedes Domínguez Pérez para Grupo ROS

Edición original en lengua inglesa:
    © The Infinite Ideas Company Limited, 2005
Edición española:
    © 2005 Ediciones Nowtilus, S.L.
    Doña Juana I de Castilla 44, 3° C, 28027 - Madrid

Editor: Santos Rodríguez
Responsable editorial: Teresa Escarpenter

Coordinación editorial: Sandra Suárez Sánchez de León (Grupo ROS)
Realización de cubiertas: Jorge Morgado (Grupo ROS)
Realización de interiores: Grupo ROS
Producción: Grupo ROS

Foto portada: Goodbye baggage © Lucy Dickens
Foto contraportada: Be who you want to be © Lucy Dickens
Diseño colección: Baseline Arts Ltd, Oxford

ISBN: 84-9763-167-6

Impreso en U.S.A.

Ideas brillantes

Si asumimos que los demás son vagos, informales y que no se comprometen y los tratamos como si de verdad fueran así, seguramente ellos empezarán a adoptar este tipo de comportamiento.

Tenemos muchas necesidades en nuestras vidas, algunas de las cuales ni siquiera afloran hasta que otras están completamente satisfechas. Uno de los papeles esenciales de un buen líder es ayudar a los demás a satisfacer todas sus necesidades.

El trabajo en equipo bien hecho consiste en fomentar las ideas de otra persona y después trabajar sobre ellas. Desde el principio tendremos un apoyo: ¡la propia persona que tuvo la idea! Incluso hasta puede que se nos ocurra una idea todavía mejor.

Si analizas las cosas detenidamente tomarás mejores decisiones y lo que es más, si ayudas a los demás a analizar las cosas ellos tomarán decisiones mejores y a la vez fomentarás tu liderazgo y tus capacidades de relación.

La motivación para cambiar tiene que provenir de nuestro propio interior. Los demás pueden, por supuesto, animarnos de diferentes maneras, pero en último término la motivación no es una energía externa.

Mucha gente cree que existen barreras que limitan su capacidad para alcanzar el éxito o su máximo potencial. Es necesario eliminar estas barreras para poder pensar de forma diferente y más clara.

Pensar más allá de los límites que nosotros mismos nos hemos impuesto resulta interesante y liberador. Sobre todo, nos ofrece la posibilidad de efectuar un cambio auténtico en nuestras vidas y en las de los demás.

Notas brillantes

Cada capítulo de este libro está diseñado para proporcionarte una idea que te sirva de inspiración y que sea a la vez fácil de leer y de poner en práctica.

En cada uno de los capítulos encontrarás unas notas que te ayudarán a llegar al fondo de la cuestión:

- *Una buena idea...* Si esta idea te parece todo un revulsivo para tu vida, no hay tiempo que perder. Esta sección aborda una cuestión fundamental relacionada directamente con el tema de cada capítulo y te ayuda a profundizar en ella.

- *Otra idea más...* Inténtalo, aquí y ahora, y date la oportunidad de ver lo bien que te sienta.

- *La frase.* Palabras de sabiduría de los maestros y maestras en la materia y también de algunos que no lo son tanto.

- *¿Cuál es tu duda?* Si te ha ido bien desde el principio, intenta esconder tu sorpresa. Si por el contrario no es así, este es un apartado de preguntas y respuestas que señala problemas comunes y cómo superarlos.

Introducción

**Muchos de nosotros podemos sentirnos frus-
trados en algún momento por cómo nos van
las cosas. Incluso podemos sentirnos absolutamente desesperados. Con frecuencia
pensamos que no hay forma de salir de la
situación y abandonamos toda esperanza de conseguir
nuestros sueños y esperanzas. A menudo culpamos a los
demás o a las circunstancias de cómo nos sentimos.**

Sé lo que me digo porque ésta es mi descripción hasta bastante avanzadaza mi vida. Pero leí un libro que me sirvió como catalizador para cambiar mi forma de pensar. Descubrí la manera de transformar completamente mi vida en una aventura dichosa y emocionante, llevando al límite mis posibilidades y a mí misma prácticamente a diario. Ojalá lo hubiera hecho antes. En este libro comparto mis descubrimientos con la esperanza de que te puedan ayudar a aprovechar las oportunidades que te brinda la vida.

EL CAMINO DE PENNY

Un día, cuando tenía cuarenta y nueve años, mientras daba un paseo por el bosque con mis perros reflexionaba sobre mi vida hasta ese momento, ¡y no había salido según lo planeado!

Mi madre me abandonó cuando tenía cuatro meses y después, a la tierna edad de siete años, ingresé en un internado, donde me sentí humillada, atormentada y muy sola. Tuve mi primera experiencia sexual cuando fui violada, a los dieciocho años. Con diecinueve ya estaba prometida y casada para cuando cumplí los veinte. Antes de cumplir los treinta tenía seis hijos.

El trauma y los excesos de tres matrimonios fracasados me dejaron totalmente destrozada, sin ninguna confianza en mí misma y con la autoestima por los suelos. Además, a pesar de que mi padre me otorgó una pequeña fortuna justo antes de casarme por primera vez, con la ayuda de mis maridos en ese momento me encontraba completamente arruinada y con un montón de deudas pendientes.

Además sufría la tragedia de la reciente muerte de mi segundo hijo. Le diagnosticaron esquizofrenia cuando tenía dieciocho años y acabó sufriendo un ataque al corazón con veintiséis años, después de ocho años de continua lucha.

LA INSPIRACIÓN EN EL MOMENTO ADECUADO

Para colmo de males, mi salud se veía resentida y sufría un problema crónico de espalda. Fue precisamente durante un viaje para visitar a mi osteópata cuando descubrí un libro que me animó a mirarme a mí misma de otra manera. Esto, en combinación con otra serie de libros y de talleres de desarrollo personal, motivó la aparición de una nueva forma de pensar en mí.

Ese día, cuando estaba en el bosque con mis perros, realicé «mi compromiso con el universo». No iba a desperdiciar el resto de mi vida de esa manera. Era el momento de reconocer que yo era el único denominador común en mis tres matrimonios fracasados, lo que significaba una cosa: cualquier cambio tenía que empezar por mí misma. En ese preciso momento me comprometí a cambiar mi forma de pensar, a crear una nueva vida y a triunfar por mí misma y con mi propio esfuerzo.

Y AHORA

Ahora tengo sesenta y un años y la vida personal y profesional de miles de personas ha cambiado después de conocer el cambio de 180 grados que experimentó la mía. ¡Cómo han cambiado las cosas!

Mi familia me ha servido de gran inspiración. Mantengo una estrecha relación de cariño y apoyo mutuo con mis hijos y mi recién llegado nieto, al que adoro. Tengo la casa de mis sueños en Berkshire, rodeada por 4.000 m² de preciosos jardines y un bosque, que comparto con un compañero muy especial y con mi colección de amigos de cuatro patas.

Dirijo con éxito una empresa de formación y asesoría, junto con un equipo de veinticinco compañeros y asociados. He recibido testimonios muy emotivos sobre mi trabajo de gente tan diversa como comisarios de policía, directivos de empresas de tres continentes, profesionales, padres, madres e hijos.

Quizás lo más importante de todo es que mi propia autoestima y confianza en mí misma y en mis capacidades como mentora, asesora, formadora y portavoz se han desarrollado hasta cumplir mis expectativas.

Cambié mi forma de pensar y cambié mi vida. Me creé una idea de cómo quería que fuese mi vida y ahora estoy viviendo mi sueño. Y mis sueños no se han terminado aún. No he ganado ningún premio de la lotería ni he tenido una racha de buena suerte. Todo me ha ocurrido porque cambié mi forma de pensar sobre mí misma, sobre mi vida y sobre las relaciones y después asumí toda la responsabilidad de la transformación. Así que simplemente abre tu mente a lo que es posible y a lo que puedes conseguir. Confío en que estas 52 ideas geniales te ayuden a emprender tu camino, donde quiera que te encuentres en este momento.

1

Tienes lo que te mereces

Para cambiar tu vida es necesario que sepas cómo asumir toda la responsabilidad de lo que puedes hacer que suceda. Esto implica que debes aprender la diferencia entre lo que puedes controlar y lo que no.

He desperdiciado gran parte de mi vida intentando controlar cosas sobre las que no tenía control y sintiéndome cada vez más frustrada ante cada fracaso.

Para mí siempre ha sido importante cómo me trataba la gente y, si no me trataban como era de esperar, dedicaba mucho tiempo intentando que lo hicieran adecuadamente. Yo creía que estaba en mi derecho.

COMPRENDER LA DIFERENCIA

Para los ejercicios en grupo de mi programa de liderazgo personal les pregunto a los asistentes cómo les gusta que les traten las personas que conocen. Entre todos elaboramos una lista que casi siempre incluye aspectos como el respeto, sinceridad, franqueza, amabilidad, igualdad, integridad, humanidad, etcétera. Después les pregunto: «¿Puedes hacer que la gente te trate de esta manera?». Por descontado, la respuesta es por supuesto que no. Puede que seamos capaces de influenciar a los demás, pero ciertamente no tenemos control sobre todos los aspectos. ¿Cuántas veces a lo largo de

Busca alguien de tu familia o de tu entorno laboral que no se comporte como tú crees que debiera. Piensa en qué podrías darle que le permitiera mejorar su comportamiento. Puede ser algo como escucharle atentamente para descubrir sus necesidades, facilitarle más información, apoyar y alentar más sus ideas, ofrecerle aprecio o desarrollar sus habilidades y conocimientos.

nuestras vidas dedicamos tiempo a conseguir que los demás nos traten como creemos que merecemos ser tratados y nos disgustamos cuando no lo hacen? Yo me he comportado así sin lugar a dudas, sobre todo con mis hijos. Pero la realidad es ésta: no tenemos control sobre «obtener», sólo tenemos control sobre «dar». Así que la conclusión a la que llegamos es que si queremos que los demás nos traten como nosotros consideramos que es importante, a cambio debemos ser respetuosos, sinceros, francos, amables, tratarles como iguales, comportarnos con integridad y demostrar que creemos que cada persona es única. Esto no implica necesariamente que después los demás nos tratarán de la misma manera, pero con toda seguridad aumentará las posibilidades de conseguirlo. La clave está en reconocer dónde tienes poder y dónde no. No puedes controlar la forma en que los demás te tratan y si no la controlas, ¿por qué pasarte horas preocupado por ello? El único lugar donde tienes poder es en las áreas donde ejerces un control absoluto.

MOTIVACIÓN: ¿QUIÉN TIENE QUE HACER ESTE TRABAJO?

¿Cuántas veces has oído a tus jefes en el trabajo preguntándose cómo podrían motivar más a sus empleados? Pero, ¿de dónde proviene la motivación? Pues proviene de tu interior, así que ¿cómo puede alguien pulsar un botón que está dentro de ti? El quid de la motivación es conseguir que los demás se motiven a sí mismos. Si crees que tu función consiste en motivar a los demás y consideras que lo haces realmente bien, ¿qué ocurrirá cuando tú no estés presente? Dale la vuelta a tus pensamientos. En lugar de pensar cómo puedes conseguir que trabajen mejor, que sean más creativos y que mejore su nivel de conocimientos, piensa en qué puedes ofrecerles para permitirles que trabajen mejor, qué puedes darles para permitirles ser más creativos y qué puedes darles para ayudarles a mejorar sus conocimientos.

Para ver otras ideas clave, consulta la IDEA 4, *La fuerza del cariño*; la IDEA 11, *¿Eres dueño de tu propia vida?*; la IDEA 14, *Identifica tus necesidades*; y la IDEA 19, *El poder del pensamiento*.

Otra idea más...

Existen numerosos estudios que defienden la efectividad de esta teoría, conocida como «liderazgo servil», sobre la que hay numerosos libros y artículos en todas partes. El gurú del liderazgo servil es Robert Greenleaf, quien considera que la organización debe apoyarse sobre su cabeza de forma que, por ejemplo, el director esté en la parte inferior y su principal objetivo sea descubrir qué puede darles a sus directivos para que sean más efectivos en todos los aspectos. Los directivos a su vez piensan en qué pueden darles a sus subordinados directos y así sucesivamente. En la parte «superior», los empleados que están en el frente se centran fundamentalmente en lo que pueden dar a sus clientes para potenciar una relación mucho más beneficiosa y satisfactoria.

Esto funciona exactamente igual en el ámbito de la vida privada. ¿Qué puedes darles a tu pareja o a tus hijos para que sean más felices, se sientan más queridos y realizados?

«Con lo que obtenemos, podemos vivir; con lo que damos, sin embargo, creamos una vida».
ARTHUR ASHE

La frase

¿Cuál es tu duda?

P **¡Es algo tan evidente! No puedo creer que no se me ocurriera antes. ¿Cuánto tiempo tardará la gente en cambiar una vez que yo empiece a hacer las cosas de otra manera?**

R *Depende de cuánto tiempo hayan trabajado bajo el sistema «antiguo». Comparte con ellos, de manera abierta y honesta, lo que acabas de aprender y pregúntales qué puedes darles para que sean más efectivos. De esta forma les animarás a que asuman más responsabilidad por sí mismos.*

P **Uno de mis hijos es un auténtico perezoso. No le motiva absolutamente nada; se limita a pasarse el día sentado escuchando música o jugando con el ordenador. Estoy a punto de volverme loca. ¿Qué puedo hacer?**

R *Yo también he pasado por eso. ¿Todavía le haces la comida, le limpias su cuarto y le lavas la ropa? ¿Le dices que es un vago y que no ayuda nada en la casa y te quejas de él constantemente? Yo también viví la misma situación cuando mis hijos eran más jóvenes. En primer lugar, piensa en algo por lo que le puedas felicitar. ¡Seguro que hay algo que haga bien! En segundo lugar, deja de hacerle todo. Dile que crees que es lo suficientemente inteligente como para hacer las cosas él mismo y que confías en que las hará. Por último, ayúdale a formarse una idea de cómo quiere que sea su vida y pregúntale a diario: «Si supieras que hoy puedes hacer una cosa que te acercará más a donde quieres llegar, ¿qué harías?».*

2

¿Doctor Jekyll y Mister Hyde?

¿Vives tu vida como si fueras dos personas distintas? ¿Eres una persona en el trabajo y otra en casa? ¿O una para los extraños y otra para tus amigos?

Cuando estás con tu jefe, ¿te comportas igual que en casa? ¿Hablas sobre tus sentimientos e instintos o te limitas a los hechos y a los datos?

EL DESPERTAR

He trabajado como consultora durante muchos años, ¡demasiados para confesarlos! Hace diez años, dejé de trabajar durante un tiempo por dos motivos emocionales y uno profesional. La razón laboral era la más compleja: durante muchos años trabajé como formadora, trabajo que implicaba sobre todo la formación de directivos. Nuestra empresa iba muy bien, pero había algo que siempre me preocupaba: a pesar de que los empleados afirmaban que los cursos de formación eran muy buenos, cuando volvían a sus puestos de trabajos parecían olvidar todo lo que habían aprendido antes de empezar a ponerlo en práctica. Esto me resultaba inaceptable y decidí dejar el trabajo. En esta misma época murió mi segundo hijo y poco después dejé a mi tercer marido. El año siguiente fue muy duro. Me concedí a mí misma algún tiempo para reponerme e hice muchas cosas para mantenerme ocupada. Asistí a cursos de masaje, masaje deportivo, aromaterapia y reflexología. Me convertí en sanadora Reiki, en terapeuta

Una buena idea...

Analiza si te comportas en el trabajo igual que en casa. Si no es así, piensa por qué. ¿Cuál es la persona con la que te sientes cómodo y cuál es la persona que deseas ser? Quizás desees incluir elementos de las dos. Ahora pregúntate qué te impide ser una sola persona. Identifica los puntos fuertes de cada una y planea cómo puedes aplicar esos puntos fuertes en ambas situaciones.

AuraSoma y me gradué en hipnoterapia. ¡Estuve muy ocupada durante todo el año! También asistí a numerosos talleres sobre desarrollo personal, algunos muy serios y otros absolutamente absurdos e inútiles, como *Cita con el destino, Educación para formar época* y *Control mental*. Pero lo que me empezó a fascinar fue lo siguiente: había infinidad de personas del mundo de los negocios en estos talleres y les pregunté a varias de ellas cómo aplicaban lo que aprendían aquí a sus vidas laborales. La respuesta era casi siempre la misma: «No lo hago. Esto es para mí, no para el trabajo». Esta respuesta me llamaba la atención porque implicaba que la gente decidía deliberadamente ser dos personas distintas: una persona en casa y otra en la oficina. Después empecé a preguntarme si era posible unir las dos partes y aplicar el desarrollo personal en el mundo laboral de forma pragmática y que resultara aceptable.

¿CABEZA O CORAZÓN?

Creo que fue en este momento cuando empecé a darme cuenta de lo que ocurría. En la mayoría de los programas de los cursos de formación sobre dirección de empresas, los profesores se dirigen a la cabeza de la gente. Los formadores se centran en hacer que los demás piensen en la mejor forma de dirigir, inspirar y motivar y les facilitan todo tipo de modelos para ilustrarlo. De esta forma, cuando terminan el curso de formación, todo lo que han aprendido parece tener sentido y les resulta obvio lo que deben hacer. Pero en cuanto vuelven al trabajo el día a día puede más que ellos. Hay un montón de trabajo urgente acumulado mientras han estado ausentes y ahora hay que resolver todas estas cuestiones. Cuando tienen un momento disponible para pensar en todo lo que han aprendido, descubren que ya han olvidado una gran parte. ¿Por qué? Porque sus corazones no han estado implicados en el proceso. La formación se produjo a nivel de la cabeza. Deberíamos preguntarnos: «¿Qué tipo de líder quiero ser?» y no simplemente: «¿Qué debo *hacer* para ser un buen líder?».

Éste fue mi punto de inflexión. Toda mi vida y mi actitud cambió. Ahora sólo dirijo programas que afectan a la persona en su totalidad, para que puedan aplicar todo lo que aprenden tanto en el trabajo como en casa.

¿Tienes claros cuáles son tus valores? Si eres dos personas, seguramente tendrás dos escalas de valores. Echa un vistazo a la idea 45, ¡Adiós, indecisión!

Otra idea más...

«No puedes esperar que el mundo cambie hasta que no cambies tú mismo».
ROBERT MULLER, cofundador de la Universidad de Peace, Costa Rica

La frase

¿Cuál
es tu
duda?

P **¡Vaya! Esto ha sido un sock para mí. Definitivamente hay dos personas en mí. ¡Mis compañeros me suelen describir como «una mujer con dos pelotas»! Si muestro mi lado más dulce en el trabajo, ¿no me tomarán el pelo los demás, sobre todo siendo una mujer en un mundo de hombres?**

R *Esta creencia es muy común, pero yo creo que la realidad es justo lo contrario. Ser un gran líder no implica decirles a los demás lo que deben hacer, sino animarles a que descubran por sí mismos qué deben hacer. Yo diría que esto requiere preocuparse por ellos en lugar de limitarse a hablar.*

P **Intento ser una sola persona pero soy consciente de que puedo ser dos; a veces, incluso las mezclo. ¡Muchas veces les ordeno cosas a mi mujer y a mis hijos en casa como si fueran mis empleados! ¿Cómo puedo ser una sola persona sin cambiar mi personalidad hasta tal punto que mis empleados y compañeros me miren como si hubiera perdido la cabeza?**

R *En primer lugar, ten en cuenta que no puedes controlar lo que piensan los demás, así que olvídate de eso. En segundo lugar, elije el tipo de líder (como jefe, como marido y como padre) que realmente quieres ser y después anota las cualidades que debe tener ese líder. ¡Ahora ponte manos a la obra! Pídeles a los demás que te den su opinión a medida que avances para saber cómo lo estás haciendo.*

3

¡Exprésate!

Si mejoras tu capacidad de comunicación también mejorarás tus relaciones, aumentarás tu rendimiento en el trabajo y disfrutarás de una vida social más satisfactoria.

Solemos pensar que lo más importante en la vida es lo que decimos, cómo lo decimos y en qué medida contribuimos a una conversación. Todo esto es importante, pero la habilidad más importante en la comunicación es saber escuchar.

SABER ESCUCHAR ES UN ARTE

¡Antes me resultaba prácticamente imposible mantener la boca cerrada! En parte porque me preocupo excesivamente por la gente y quiero emplear la sabiduría que he adquirido con las experiencias que he vivido en ayudar a los demás. Estaba tan entusiasmada que casi nunca esperaba a que los demás terminaran sus frases para expresarles lo que pensaba. Durante mis clases sobre liderazgo personal descubrí que muchas personas hacen lo mismo, a menudo con los mejores argumentos del mundo. Cuando por fin comprendí completamente el poder de saber escuchar, me quedé absolutamente sorprendida de la cantidad de veces que interrumpía a los demás sin escucharles. ¡Siempre me había considerado una persona que sabía escuchar!

Una buena idea...

En tu próxima reunión de trabajo o discusión familiar, escucha a los demás y no los interrumpas. Observa qué está ocurriendo. ¿En qué medida se están escuchando unos a otros realmente? ¿Qué oportunidades se pierden a causa de las interrupciones? ¿Cuántas personas no pueden meter baza? ¿De quién son las ideas que se ignoran? Piensa si este comportamiento tiene alguna utilidad y cómo puedes compartir lo que has aprendido. ¿Qué cambios pueden adoptarse para alcanzar mejores resultados? Recuerda que para pedirle a alguien que cambie su comportamiento, éste debe ser consciente de las ventajas que conlleva el cambio.

Es disparatado, porque nos gustaría poder estar seguros de que tomamos las mejores decisiones posibles en todos los aspectos de nuestras vidas, pero ¿cómo podemos hacerlo si nunca dejamos que los demás terminen de hablar? A menos que escuchemos a la gente, no podremos comprender completamente qué intentan decir. Con frecuencia, a pesar de no disponer del cuadro completo de una situación damos un paso adelante y tomamos una decisión, y después dedicamos una gran cantidad de tiempo a resolver los problemas que hemos contribuido a crear.

Hace poco leí un artículo fascinante en una revista sobre las lanzaderas espaciales *Columbia* y *Challenger*. La conclusión final era que los accidentes nunca debieron haberse producido porque había personas en las escalas inferiores de la organización que eran conscientes de cuáles eran los problemas existentes. Sin embargo, nadie les escuchó.

EL CAMINO DE BALDOSAS AMARILLAS

Imagina que paseas por un camino de baldosas amarillas en dirección a un bonito castillo. No puedes ver el castillo claramente porque está oculto por la niebla, pero estás completamente seguro de que quieres llegar hasta él y explorarlo. Mientras caminas, te encuentras con un grupo numeroso de personas y piensas que te pasarán por ambos lados. Pero no es así: se abalanzan sobre ti, te pisotean y golpean. Cuando se han ido, te incorporas y sigues tu camino hacia el castillo. Poco después te encuentras con dos buenos amigos. Ellos marchan por otro camino y, después de charlar durante un buen rato, te convencen de que camines con ellos antes de ir al castillo. Disfrutas del paseo con ellos pero después regresas al camino por el que ibas al principio, el que lleva al castillo. A continuación, te encuentras con una persona que sabe exactamente a donde vas y no quiere que vayas. Esta persona se pone violenta y en determinado momento te arrastra fuera del camino. De hecho, si hubiera habido algún policía en las inmediaciones hubiera arrestado a esta persona por violencia física.

Otra idea más...

Si quieres analizar esta cuestión con mayor profundidad y concederle a la otra persona la oportunidad de pensar sobre un problema u oportunidad, consulta la idea 16, *¡Por favor, déjame pensar!*

Ahora imagina este escenario. Te encuentras en una reunión y tienes una idea que todavía no has definido totalmente pero aún así quieres compartirla. Sin embargo, cada vez que intentas abrir la boca te encuentras con que hay alguien tan ocupado en expresar sus ideas que no te deja meter baza. O quizá quiera que escuches sus ideas primero. O alguien te dice que no tendrán en cuenta tu idea porque ya han tomado una decisión.

¿Cuál es la diferencia entre estas dos situaciones? Yo me atrevería a afirmar que no existe ninguna. Una implica la violencia física; la otra, mental. Cada vez que interrumpes a la persona que está hablando en realidad cometes un acto de violencia mental.

La frase

«La razón por la que tenemos dos oídos y sólo una boca es para que escuchemos más y hablemos menos».
ZENO, filósofo griego

¿Cuál es tu duda?

P En una reunión del club de críquet local observé que ocurría justo lo que cuentas. Nadie escuchaba en realidad a los demás y se producían constantes interrupciones. Esto me ayudó a comprender de dónde provenía mi frustración con respecto al grupo: progresábamos muy lentamente y resultaba muy difícil tomar cualquier decisión. Sé que volverá a pasar lo mismo en la siguiente reunión. ¿Qué puedo hacer?

R Antes de celebrar la siguiente reunión habla del asunto con alguna persona del grupo o con todas ellas. Intentar conseguir al menos un aliado que apoye tu sugerencia de que el grupo se concentre en escucharse unos a otros. Durante la reunión, explica las consecuencias de las interrupciones y haz que cada persona indique a los demás cuándo alguien le interrumpe. Hazlo de manera divertida en lugar de plantear una dura crítica y te sorprenderás de lo provechosa y entretenida que resulta la reunión. Otra forma de evitar las interrupciones es utilizar algún objeto, como una pelota, y sólo permitirle hablar a la persona que la sostiene en cada momento. Y si alguien con un severo problema de diarrea verbal no cede la pelota, ¡todos aprenderán rápidamente, porque nadie más se la volverá a pasar!

P He trabajado mucho este aspecto con mi equipo de trabajo. Ahora somos tan conscientes del tema de las interrupciones que la conversación está repleta de disculpas cada vez que alguien habla. ¿Siempre es así de artificial?

R No. En algún momento el equipo interiorizará sus capacidades para escuchar y la conversación será más fluida. Escuchar es en realidad una habilidad «aprendida» y como ocurre con cualquier cosa que se aprende, la naturalidad requiere tiempo y práctica. Así que no te preocupes si esta actitud de escuchar conscientemente se prolonga durante un tiempo, ya que en cualquier caso es mejor que la alternativa.

4

La fuerza del cariño

Todo el mundo necesita saber que los demás le aprecian. Sin embargo, es fácil olvidarlo y limitarse a criticar el rendimiento de nuestros compañeros o el comportamiento de nuestros familiares y amigos.

Me topé con un muchacho al que habían expulsado del colegio, que se había relacionado con mala gente, que fumaba sustancias ilegales y que por lo general se comportaba mal. Sus angustiados padres no sabían cómo cambiar su comportamiento.

CENTRARSE EN LO QUE ÉL *SÍ* HACE BIEN

La madre del muchacho sobre todo siempre le decía cosas del tipo «¿Por qué no buscas otros amigos? Estos no son buenos». «Debes esforzarte más o no conseguirás los resultados que necesitas». «Ordena tu cuarto». «No, no puedes montar en moto porque es peligroso». «Tienes que ayudar con las tareas de la casa». Ella le decía estas cosas porque le quería, pero la situación no mejoraba en absoluto. Convencí al padre del muchacho para que no recriminara por nada a su hijo durante un mes y que en cambio alabara las cosas que hacía bien. De esta forma, cuando la habitación del chico parecía una leonera un poco menos caótica de lo habitual, su padre le agradecía que estuviera

Una buena idea... **Llama por teléfono a alguien que sea importante para ti y hazle saber lo que aprecias en él. Cuando te pregunte que por qué le llamas, no escurras el bulto con la excusa de tener asuntos domésticos que discutir. Simplemente dile que la única razón por la que llamas es para agradecerle su fuerza y el valor que confiere a tu vida.**

un poco más presentable. Cuando el chaval colgaba su abrigo en la percha en lugar de dejarlo tirado en el suelo, su padre se percataba del detalle y se lo agradecía. Y cuando el muchacho charlaba animadamente durante la comida en lugar de permanecer en absoluto silencio, su padre le alababa su alegría. A la más mínima oportunidad, el padre le mostraba a su hijo su aprecio por lo que era y por lo que hacía.

Imagina cómo se debía sentir ese chaval hasta ese momento: inútil, un auténtico problema. En esas circunstancias, ¿cómo podía albergar cualquier esperanza de salir de esta difícil situación? La nueva actitud trajo como consecuencia un cambio drástico y, para abreviar una larga historia, el comportamiento del muchacho ahora es excelente.

OBJETIVO: 80% DE APRECIO, 20% DE CRÍTICA

¿Cuándo fue la última vez que le dijiste a tu pareja que le quieres y que aprecias el papel que desempeña en tu vida? ¿Cuánto tiempo hace que no felicitas a tus hijos por lo bien que van en el colegio en lugar de remarcarles lo que hacen mal? ¿Y sabes quién es nuestro peor enemigo en este aspecto? Nosotros mismos. Se dice que un actor sólo recuerda al miembro del público que no aplaudió. Jugamos un partido de golf bastante decente y sólo recordamos la parte que no hicimos bien. Si nos hacemos esto a nosotros mismos, ¿qué no haremos a los demás? Cuando les pregunto a los empleados de una empresa qué tipo de comentarios reciben por parte de sus superiores, casi invariablemente la primera respuesta es que les dicen lo que no hacen bien.

¿Puedes recordar algún día en que te levantaras sintiéndote absolutamente bien? ¿Sobre tu vida, sobre ti mismo, sobre todo? Cuando te sientes así, ¿cómo te van las cosas? Todo te sale bien, ¿no es así? Manejas bien una conversación con un cliente difícil, realizas una venta más fácilmente, mantienes una conversación delicada con un amigo de forma acertada. Así que, si sabemos que todo nos sale mejor cuando nos sentimos bien con nosotros mismos, ¿por qué entonces criticamos a los demás y encima esperamos que estén motivados para obtener mejores resultados? Simplemente no tiene sentido.

La falta de autoestima nos impide alcanzar todo nuestro potencial. La idea 18, *Libera tu mente*, analiza los impedimentos que nos imponen las limitaciones que asumimos.

Otra idea más...

No me siento orgullosa de ello, pero eso es exactamente lo que hacía con mis hijos. Porque les quería. Los quería tanto que no quería que cometieran los mismos errores que yo había cometido, así que no paraba de decirles en qué se equivocaban porque quería que lo hicieran mejor la próxima vez. Ahora mi objetivo es otro. No evito las cuestiones, si no que ayudo a mis hijos a centrarse en sus valores y en lo que están haciendo bien. Y precisamente debido a que me centro en sus valores, ellos los muestran cada vez más. Si te centras en los valores de los demás, incluidos los tuyos, tu vida puede cambiar más de lo que imaginas.

«Puedes hacer más amigos en dos meses mostrándote interesado por los demás de los que puedes hacer en dos años intentando que los demás se interesen por ti».
DALE CARNEGIE

La frase

¿Cuál
es tu
duda?

P **Hay una persona en el trabajo que no me gusta y ella lo sabe. ¿Cómo puedo mostrarle aprecio sin que piense que lo hago por mi propio interés?**

R *Seguro que hay algo que puedes apreciar de su comportamiento o rendimiento en el trabajo. Agradéceselo y, siempre que seas sincero, ella sabrá apreciar tus palabras. Sigue buscando motivos para apreciarla todos los días. No pasará de la noche al día, pero si le expresas tu aprecio de esta manera puede que incluso acabe gustándote.*

P **Soy trabajadora social y tengo una hija adolescente que sabe bastante bien en qué consiste mi trabajo. Cuando intento mostrarle mi afecto me dice que no «trabaje» con ella. Su comportamiento no es el ideal en la actualidad y quiero mostrarle que aprecio lo que hace bien para corregir el otro comportamiento. ¿Cómo debo hacerlo?**

R *Asegúrate de que utilizas las palabras que sólo una madre puede dirigirle a su hija. Dile con total sinceridad que sientes de corazón todas las palabras que le dedicas. Resulta interesante que tu formación profesional te suponga unas dificultades poco frecuentes a la hora de criar a tus hijos, pero estoy segura de que también conlleva ventajas para ti misma y para ellos. Mis hijos también «se aprecian» unos a otros y a veces bromean con que esto es parte de la filosofía de mamá. Pero en el fondo les encanta y les ayuda a estar más unidos.*

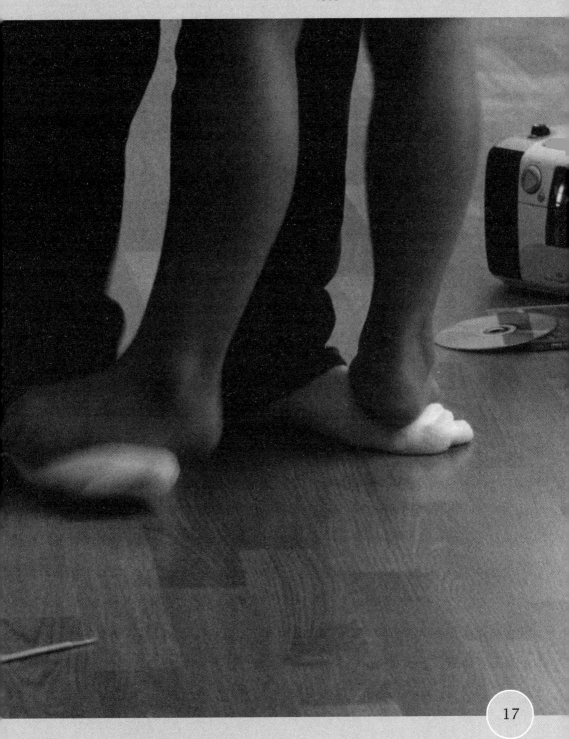

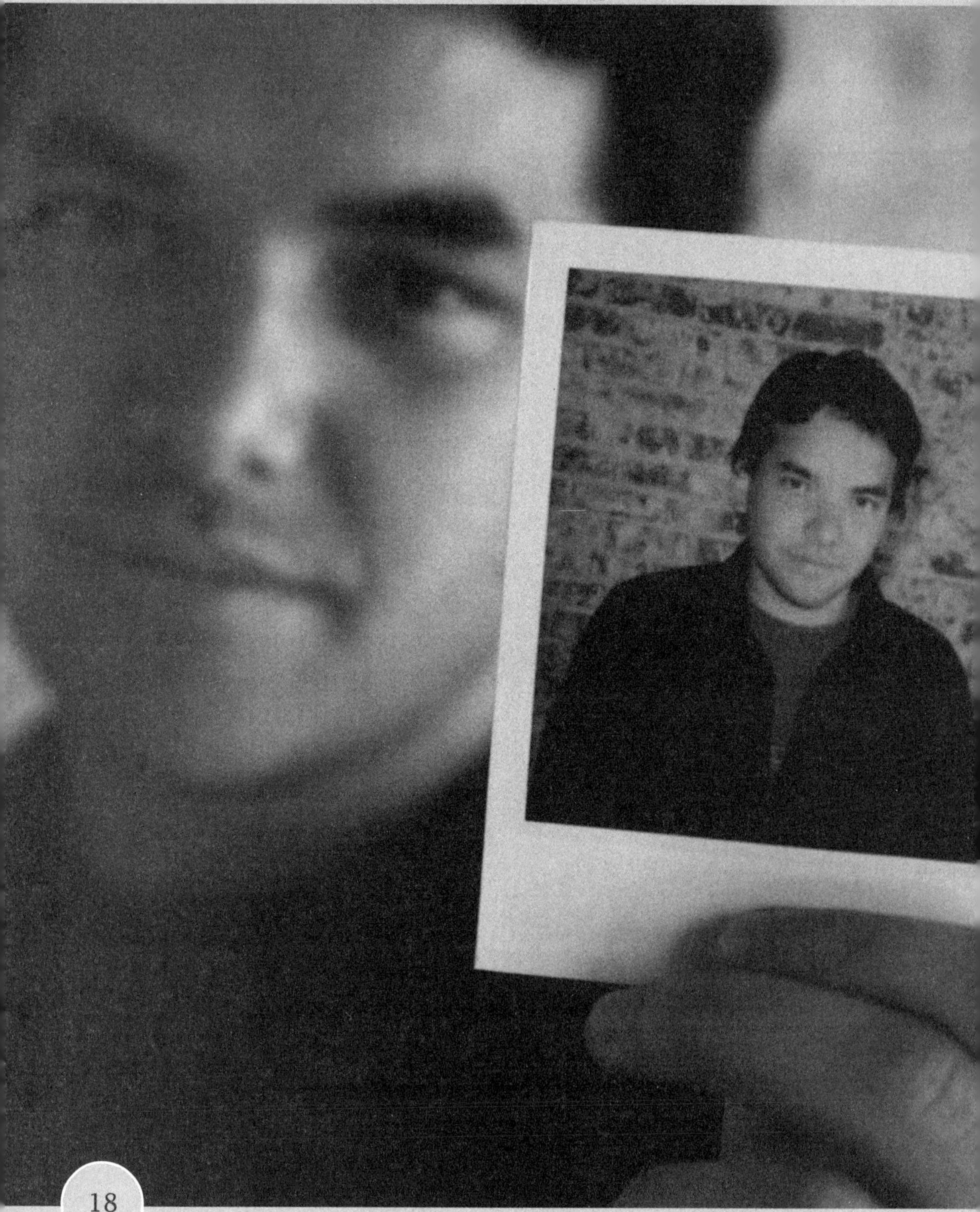

5

Las apariencias sí engañan

Juzgar a la gente en función de una primera impresión es, en el mejor de los casos, injusto y, en el peor, peligroso. Puede llevarte a tratar a los demás como si la percepción que te has formado de ellos fuese cierta.

Cuando nos encontramos con una persona por primera vez, seguramente lo que conocemos de ella sea una máscara que lleva años desarrollando. Todos creamos una imagen de nosotros mismos con la que nos sentimos cómodos.

¿Has conocido alguna vez a alguien que mantenía mucho las distancias o que incluso parecía arrogante y estabas seguro de que no iba a caerte bien? Incluso puede que hayas intentado evitarle. Pero quizá las circunstancias cambian y te ves obligado a pasar cierto tiempo con esa persona y a medida que pasa el tiempo, te haces una nueva idea de ella y descubres a un ser tímido, sensible y agradable, un individuo bastante diferente de la primera impresión que te formaste. Este ejemplo es bastante frecuente porque las personas tímidas a menudo se ocultan tras esta máscara, manteniendo las distancias, sin abrirse a los demás y mostrarse como realmente son. Si tú no les concedes una oportunidad, seguramente nunca se abrirán a ti y tratarás con ellas en función de la primera impresión que te formaste. Perdemos muchas oportunidades, ya que probablemente esto es precisamente lo que hacemos con todas las personas nuevas que conocemos.

La próxima vez que te presenten a alguien, intenta que se desprenda de su máscara cuanto antes. Hazle preguntas que le animen a compartir contigo información que de otra forma tardaría mucho en facilitar. ¿Qué le apasiona? ¿Qué aspectos de su vida son los que más le gustan? ¿Qué haría si ganara la lotería? Procura conseguir que hable sobre su desarrollo personal o sobre los aspectos que está tratando de mejorar. La conversación resultará mucho más interesante que averiguar cómo se gana la vida y la relación que entabléis no tendrá como punto de partida un malentendido o un prejuicio.

FORMARSE UNA IMPRESIÓN EN FUNCIÓN DE EXPERIENCIAS PREVIAS

Imagina que alguien, quizá un amigo de tu hermano, te trató mal cuando eras pequeño. Es un tipo alto, grande y atemorizante. Se burló de ti, te tomaba el pelo constantemente y te humillaba en público. Y además hacía lo mismo con tus amigos y con los demás chavales que iban con él al colegio. Ahora imagina que tienes un nuevo jefe que aparentemente posee las mismas características que aquel muchacho. Tu jefe es una persona grande, que impone, y trata a la gente de forma enérgica y fría. Tanto si te gusta como si no, hay muchas probabilidades de aplicar tu experiencia previa y de que, en tu subconsciente, creas que esta persona también es un matón. Seguramente te comportarás con él igual que con el amigo de tu hermano y estarás nervioso ante su presencia, le evitarás, no le mirarás a los ojos cuando te dirijas a él, etcétera. Por desgracia, probablemente él no será así en absoluto y no podrá comprender tu comportamiento hacia él. Esto puede llevar a muchos malentendidos. Si eres capaz de conseguir que comparta contigo algunos de sus pensamientos e ideas antes de realizar cualquier juicio, seguramente te llevarás una sorpresa y entablarás una relación completamente diferente con tu jefe.

Recuerda que los demás se hacen una impresión de ti cuando te conocen por primera vez. Cada vez que te presenten a alguien nuevo, procura proyectar una imagen abierta y sincera de ti mismo; simplemente quítate la máscara. Requiere valor, pero es muy positivo y te permite entablar relaciones cercanas y sinceras más rápidamente.

Para conocer los peligros de las profecías que tu propia naturaleza contribuye a cumplir, consulta la idea 6, *Piensa en positivo.*

Otra idea más...

PRESENTACIONES EN GRUPO

La creación de grupos constituye una idea importante, sobre todo en el caso de los grupos que se reúnen por primera vez. Cada vez que empiezo uno de mis cursos, siempre planteo estas dos cuestiones a los asistentes: «Háblanos un poco de ti, del auténtico tú y no sólo de lo que haces» y «Dinos tres cosas que realmente te gusten de tu vida». En todos los casos hay al menos una persona que me sorprende con algún aspecto de su vida y personalidad cuando planteo estas cuestiones. Seguramente se deba a que contradice algunas de las impresiones previas que me había hecho. Y cuando después hablamos de estos asuntos en grupo, a todos nos ocurre lo mismo. Todos los miembros del grupo adquieren una nueva percepción de personas que quizá conocen desde hace años y ahora se dan cuenta de que no conocían en absoluto; y lo mismo les ocurre con las personas que acaban de conocer sobre las que se habían formado un juicio. Es como ver un Ángel del infierno en su moto con toda su parafernalia y ver a esa misma persona en el supermercado comprando pañales para su bebé. La primera imagen resulta atemorizante, pero la segunda es la viva imagen de un buen padre.

«La reputación de algunos hombres no reconocería a su dueño si se encontraran en la calle».
ELBERT HUBBARD, escritor y editor norteamericano.

La frase

¿Cuál es tu duda?

P **Durante una fiesta le pregunté a una extraña qué le gustaba de su vida. Era evidente que se sentía incómoda y desconfiada. Después me contó algunas cosas que parecían algo maquilladas. ¿Era esto de esperar?**

R *No te desanimes porque en general a las personas les gusta hablar de sí mismas con alguien que muestre un interés auténtico. Sin embargo, algunas personas no están acostumbradas a esto, por lo que te recomiendo que primero crees un entorno agradable hablando sobre ti mismo. En mis programas de formación siempre empiezo presentándome a mí misma abiertamente, lo que permite a los demás hacer lo mismo.*

P **He tenido un problema con otro miembro de un comité al que pertenezco. Le dije que estaba intentando desarrollar mi capacidad de liderazgo y le pregunté qué pensaba ella que era más importante para aprender a ser un líder. Esto me resultó muy útil para ver más allá de su máscara, pero también puso al descubierto una importante diferencia de opiniones. ¿De qué sirve esto?**

R *Sirve de mucho, sobre todo si pretendes trabajar con la otra persona de forma continuada. Ahora puedes entablar con ella un diálogo para compartir vuestras opiniones sobre el liderazgo y así reconocer las diferencias que existen entre los dos. Sólo podrás aprender a trabajar y a convivir con personas con valores y principios diferentes si comprendes claramente porqué mantiene esos puntos de vista. La diversidad constructiva puede ser enormemente beneficiosa y puede llevar a la creación de nuevas ideas con las que pueden enriquecerse ambas partes.*

6

Piensa en positivo

Una actitud mental positiva te ayuda a ver el vaso medio lleno en lugar de medio vacío, e incluso a verlo lleno del todo.

Tu actitud hacia las cosas que tienes que hacer marca la diferencia entre sacarles el máximo partido o verlas como objetivos inalcanzables.

UNA HISTORIA TONTA

Imagina a dos mujeres casadas con sendos hombres que han alcanzado el éxito en su trabajo. Ambas viven en las afueras de la ciudad y sus maridos se desplazan al centro todos los días para ir a trabajar. Un día, los maridos llegan a casa pletóricos porque han ganado el premio al mejor vendedor del año, que consiste en un viaje de una semana a San Francisco en un hotel de cinco estrellas, con piscina y todo tipo de instalaciones de lujo. Y, además, las mujeres también están invitadas.

Los dos hombres les proponen a sus mujeres que vayan de compras al centro para comprarse ropa nueva, sobre todo algo especial para la cena y el baile de la gala de presentación.

Elije una tarea que no te apasione. En primer lugar, no olvides que eres tú quien decide hacerla o no. Ahora imagina que has terminado la tarea y que te has divertido realizándola: siente la satisfacción que te produce haberla completado. Después ponte manos a la obra y haz la tarea. Recuerda que tú elijes cuáles son tus pensamientos, así que depende de ti sentirte deprimido o animado a hacer la tarea. Si te sientes desanimado, la tarea se convierte en una especie de carga, lo que empeorará la calidad del pensamiento que le dediques.

Una de las mujeres está muy ilusionada y piensa: «Estupendo, un día en la ciudad. Dejaré el coche en el aparcamiento, seguramente tendré que dejarlo algo apartado de la estación porque los viajeros habituales llegan antes y aparcan allí, pero puedo ir andando sin tener que coger un taxi. Iré en el tren, que me gusta casi tanto como observar a la gente. Me resulta divertido intentar averiguar a qué se dedican por su aspecto y por los periódicos que leen. También podré curiosear los jardines de los alrededores para ver cómo cada persona hace cosas diferentes con el mismo espacio. Y cuando llegue al centro habrá millones de personas de diferentes culturas y será muy emocionante moverme en ese bullicio. Después cogeré un taxi, aunque seguro que hay cola, pero nunca se sabe con quién acabarás hablando y la verdad es que los taxistas son unos auténticos personajes; seguramente me podrán indicar a dónde debo ir. También iré de tiendas, lo cual me encanta. Tendré que controlarme para no comprar demasiado, porque seguro que encontraré un montón de cosas que me gusten. ¡Qué divertido! No veo el momento».

La otra mujer piensa: «Vaya hombre, odio la ciudad. Nunca encuentro sitio en el aparcamiento porque los viajeros habituales siempre llegan antes que yo. Seguro que llueve y me empapo y me muero de frío antes de llegar. Además no habrá ningún sitio libre y nadie me cederá el suyo. Los viajeros habituales son tan aburridos: se limitan a mirar el periódico ignorando a los demás. Y cuando llegue a la ciudad, será como una pesadilla, con cientos de personas que te empujan y tropiezan contigo. Probablemente habrá una cola enorme para tomar un taxi y además los taxistas siempre te llevan por el camino más largo para cobrarte una fortuna. Después tendré que recorrerme todas las tiendas una tras otra porque nunca encuentro lo que quiero y el servicio que prestan los dependientes nunca es bueno en los grandes almacenes de la ciudad. Va a ser horrible pero supongo que tendré que ir porque necesito comprar algo que ponerme».

Consulta la idea 32, *Es tu elección*, para obtener más información sobre el significado de la responsabilidad.

Otra idea más...

Así pues, las dos mujeres van a la ciudad. ¿Qué tipo de día pasa cada una? Es obvio, ¿verdad? La primera pasa un día estupendo y la segunda un día espantoso. Pero piensa en esto: en ambos casos, todos los aspectos externos son idénticos, pero cada una vive una experiencia muy diferente.

La conclusión que podemos sacar es que estas mujeres crearon un día de sus vidas con la forma que tuvieron de pensar. Por lo tanto, pensemos un momento sobre esto: si podemos crear un día de nuestras vidas, quizá también podamos crear dos, una semana, un mes, un año o incluso una vida entera. Esto es realmente interesante porque significa que disponemos de todo lo que necesitamos para transformar nuestras vidas. Cambia tu forma de pensar y cambiarás tu vida.

«La vida es una película que ves a través de tus propios ojos. No importa qué ocurre realmente, lo que cuenta es cómo lo vives».
DENIS WAITLEY, formador y motivador

La frase

¿Cuál
es tu
duda?

P   Tengo que asistir a una reunión mensual de trabajo que es una pérdida de tiempo. Se me hace interminable y la mayoría de los asuntos que se tratan no tienen interés alguno para mí. Se me ocurren un montón de cosas mejores que hacer con mi tiempo, pero mi jefe insiste en que vaya. ¿Qué puedo hacer?

R   *En primer lugar, eres tú quien decide si acudirás o no a la reunión, pero si quieres conservar tu puesto de trabajo será mejor que asistas. Lo más importante es que, si decides ir, puedes mentalizarte de que aprovecharás el tiempo al máximo participando en la reunión, conociendo mejor a tus compañeros y contribuyendo todo lo que puedas. Te sorprenderás de lo que mejora la experiencia.*

P   Cada vez que visitamos a mi suegra lo paso fatal. Hay que hacer un viaje muy largo, ella no parece alegrarse mucho de vernos y además tengo que comer cosas que no me gustan nada. Como no quiero ser maleducado, supongo que tengo que aguantarme, ¿no?

R   *No cabe ninguna duda de que para tu pareja es importante ver a su madre, así que puedes adoptar el pensamiento de que es una forma de mostrarle a tu pareja tu amor y apoyo hacia ella. Si decides sacar el máximo provecho de cada visita y mostrarte contento por estar allí, puedes crear una experiencia totalmente diferente. ¡Incluso puedes ofrecerte para hacer la comida algún día!*

7

Revisa tus creencias

Las creencias pueden tener tanto efectos positivos como negativos en nuestras vidas. Ser consciente de que puedes cambiar una creencia puede resultarte liberador y es el camino hacia la consecución de una vida más satisfactoria.

Cómo crecemos y las experiencias que tenemos en nuestros primeros años determinan completamente cómo viviremos nuestras vidas después. Podemos acabar repitiendo unos patrones inútiles en la creencia de que «esto es lo único que puedo esperar».

LO QUE NO QUIERES

Imagina que has llegado al mundo como un espíritu puro: una hoja en blanco, carente de toda experiencia que absorbe los conocimientos que hay a su alrededor. Imagina que has nacido en el seno de una familia con un padre violento y, desde muy temprana edad, has estado oyendo voces elevadas de tono y el ruido de bofetones y golpes. De hecho, has visto a tu padre golpeando a tu madre. Seguramente desde muy pequeño hayas adquirido la creencia inconsciente de que todos los hombres son violentos, y cada vez que oyes o ves a tu padre golpear a tu madre o a tus hermanos mayores, esta creencia se refuerza. Ya que ésta es tu única experiencia con los hombres, esta creencia en tu subconsciente seguirá desarrollándose.

Una
buena
idea...

¿Hay algo que te impida conseguir una cosa con la que siempre has soñado? Quizá haya alguna creencia en tu subconsciente que te impida conseguirla. Intenta descubrirlo preguntándote a ti mismo qué asunciones has hecho sobre esta situación. Anota todas las respuestas que se te pasen por la cabeza, por absurdas que parezcan. Después pregúntate a ti mismo: «Si pudiera cambiar mi vida para que fuera exactamente como quiero que sea, ¿qué haría diferente en este mismo momento?».

Ahora ya eres un poco más mayor y vas al colegio, donde has conocido a un montón de pequeños hombrecitos encantadores, grandes chicos que se preocupan por sus amigos y los tratan con dulzura. Pero un día, durante el recreo, ves a dos chicos mayores maltratando a uno más pequeño. Esto refuerza de nuevo la creencia en tu subconsciente de que los hombres son violentos. Todos los chicos encantadores que has conocido ya casi no cuentan.

Cuando llegas a la adolescencia quizá incluso sufras abusos tú también, ya sean físicos o sexuales. Por desgracia, existe una clara posibilidad de que asumas que así funciona el mundo. Pero a medida que te conviertes en un adulto y pasas más tiempo con tus amigos y sus familias, te empiezas a dar cuenta de que lo que tú has vivido no es lo habitual en absoluto. En la mayoría de los casos, nadie ha pegado a tus amigos ni a sus madres. Comienzas a darte cuenta de que el sufrimiento al que estás sometido es una excepción y no la norma.

PUES CAMBIA

Llegados a este punto seguramente te jurarás a ti mismo que nunca tratarás a tus hijos de esta manera; serás una persona muy diferente porque nunca permitirás que tus hijos sufran de esta manera.

Las estadísticas a este respecto son escalofriantes. Según los archivos de la policía, el 82 por ciento de los maltratadotes han sido maltratados a su vez. Resulta increíble, ¿verdad? A nivel consciente, ¿quién podría querer someter a otras personas al mismo sufrimiento que él mismo ha experimentado? Pero a nivel subconsciente, es posible comprender en cierta medida lo que ocurre. Sin llegar a ser algo tan grave, como consecuencia de las experiencias que viví durante mi infancia, durante años pensé que no era lo suficientemente buena: intentaba continuamente cambiar las circunstancias que me rodeaban para mejorar mi vida, y así cambié de marido, de casa, de forma de vida, etcétera. Pasó mucho tiempo antes de que me diera cuenta de que las cosas no cambiarían hasta que yo no cambiara mi propia forma de pensar. Otra cosa que me horroriza es un dato que conocí hace poco: según las estadísticas, alrededor del 80 por ciento de los delincuentes juveniles vuelven a reincidir en el plazo de dos años. Los demás intentamos cambiarlos y les proporcionamos nuevos conocimientos, un nuevo entorno e incluso una nueva familia, pero quizá estemos yendo en la dirección equivocada. Quizá lo que deberíamos hacer es ayudarles a cambiar su mundo interior y animarlos a que analicen las creencias que les impiden realizar ese cambio que tanto necesitan.

Piensa en los diferentes niveles de creencias o presunciones que podemos adquirir. Cuanto más consigamos trasladarlas a nuestro nivel consciente, más fácil será superarlas. Prueba la idea 18, *Libera tu mente*.

Otra idea más...

«*Tu yo no es algo que ya esté hecho, si no que está en continua formación gracias al poder de decisión que posees*».
JOHN DEWEY, filósofo y educador norteamericano

La frase

29

¿Cuál
es tu
duda?

P **Yo no les pego a mis hijos, pero sí pierdo los nervios con ellos: grito y vocifero y huyen para protegerse. Debe ser verdad lo de la creencia en el subconsciente porque mi madre hacía lo mismo conmigo y yo recuerdo cuánto lo odiaba. ¿Siempre ocurre esto?**

R *No siempre, pero sí con bastante frecuencia según mi experiencia. Lo primero que hay que hacer es trasladar la creencia del subconsciente al nivel consciente, como tú ya has hecho. Después piensa en cuál crees que debe ser el papel de una madre y qué relación quieres tener con tus hijos. Piensa cuál es el comportamiento que te gustaría que tuvieran ellos y tú misma y después asume el cien por cien de la responsabilidad del tuyo propio y pregúntate si gritar entra dentro de estos ideales. Tú puedes elegir tu comportamiento: entre el estímulo y la respuesta pasan unos segundos, y ése es precisamente el momento en que puedes realizar tu elección. Reconoce que ahora elijes enfadarte y piensa qué otra respuesta sería más adecuada. Una vez que seas capaz de reconocerlo, te resultará mucho más fácil controlar tu ira porque tendrás el control de la situación.*

P **Mi jefe nos grita y nos desprecia de forma sarcástica. Yo puedo soportarlo pero dos de mis compañeras se disgustan mucho. ¿Qué puedo hacer para cambiarlo?**

R *No podemos cambiar a los demás, sólo a nosotros mismos. Por lo tanto, ¿qué puedes hacer para demostrarle a tu jefe que su comportamiento dificulta la consecución de sus objetivos en lugar de favorecerla? Aprovecha alguna ocasión en que no se comporte de forma sarcástica para decirle que la reunión ha resultado mucho más agradable y productiva que otras veces. Comparte con tus compañeras la idea de que su comportamiento no tiene nada que ver con ellas, si no con él mismo, y ayúdalas a comprender que pueden adoptar otra actitud como respuesta para ver qué ocurre. Si deciden conscientemente no disgustarse, seguramente os sorprenderéis gratamente ante el comportamiento tan diferente que vuestro jefe adopta en consecuencia. Recuerda que burlarse de otra persona sólo funciona si ésta reacciona a la burla.*

8

¡Sé que puedo hacerlo!

Es una creencia generalizada que la confianza en uno mismo es una capa o un conjunto de habilidades que pueden adquirirse para ser más efectivo. Lo que es más, en muchas ocasiones permitimos que una supuesta falta de confianza en nosotros mismos nos impida hacer las cosas que queremos realizar.

Me atrevería a decir que esto es una falacia, una excusa y no una razón válida.

DALE LA VUELTA A TU PENSAMIENTO

Cuando dejé a mi último marido, estaba echa un desastre. Tenía tan poca confianza en mí misma que si hubiera asistido a un taller con un pequeño grupo y me hubieran pedido que hablase, me hubiera temblado la voz, me hubieran sudado las manos y casi me habría echado a llorar y me hubiera sentido hundida. Pero sí tenía una idea muy clara sobre lo que quería hacer: ayudar a los demás a cambiar sus vidas. ¡Estas dos circunstancias no parecían encajar en un mismo momento!

Mi hija mayor me pidió que diera una charla a un reducido grupo de personas y me dio un ataque de pánico. Un amigo se ofreció a acompañarme para darme ánimos y de camino a la charla me preguntó cómo me sentía. Le respondí que estaba completamente aterrada y cuando me preguntó el por qué contesté: «Me saldrá todo mal, no me saldrán las palabras, la gente creerá que pasa algo raro, me temblará la voz y pareceré una auténtica tonta». Nunca olvidaré lo que me dijo a continuación; me preguntó:

Una buena idea...

Piensa en alguna situación que evites porque te pone nervioso, como expresar tus pensamientos ante tus colegas o tu jefe, acudir a un club para conocer gente nueva o asistir a una fiesta en la que no conoces a nadie. Olvídate por completo de cómo te sientes contigo mismo y piensa en qué puedes ofrecerles a los demás en estas situaciones, como infundirles a tus compañeros el valor de abrirse a los demás, darle a tu jefe la oportunidad de conocerte mejor o conocer a una persona tímida en la fiesta y mostrarle afecto y apoyo. Hazte el propósito de que cada semana harás una cosa, por pequeña que sea, que antes no hacías por falta de confianza en ti mismo y podrás comprobar lo diferente que empiezas a sentirte.

«¿Por qué piensas en ti misma?». Me quedé sin palabras durante unos minutos y después me volví hacia él y le di las gracias. En ese momento me di cuenta de que cada vez que tenía falta de confianza en mí misma estaba pensando en mí. ¿Qué pensaría la gente de mí? ¿Estaba haciendo bien mi trabajo? ¿Les gustaba yo y lo que les estaba diciendo? Pensaba en lo que podía conseguir en lugar de en lo que podía dar, cuando en realidad no estaba allí para pensar en mí misma. Mi vida cambió en ese instante porque me di cuenta de que no tenía ningún control sobre lo que los demás pensaban de mí. Mi reputación era algo externo a mí, algo sobre lo que no podía hacer nada, así que tenía que dejar de preocuparme por eso. Todo lo que tenía que hacer era hablar con el corazón, colocarme delante de todos y darles todo lo que tenía que ofrecer, sin preocuparme de nada más. Desde entonces he hablado ante más de mil personas y, aunque a veces siento mariposas en el estómago, soy consciente de que si siento pánico es que otra vez estoy pensando en mí misma. Entonces me centro totalmente en lo que tengo que dar y me olvido del resto.

SÓLO SE TARDA UN MOMENTO

Cambiar tu forma de pensar en este sentido sólo te llevará un momento. Una de las jóvenes que asistió a uno de mis talleres estaba tan nerviosa que la voz le temblaba cuando se presentó al resto del grupo a primera hora de la mañana y aún seguía inquieta a la hora de comer. Al final del día, les pedí a los asistentes que se dirigieran a la persona que tenían al lado y les dijeran qué les había gustado de ellos. Sabía que esta joven encantadora sentiría pánico sólo con pensarlo, así que le conté mi historia antes de pedirle que hiciera el ejercicio. Le indiqué que todo lo que tenía que hacer era mirar a la otra persona y pensar qué podía decirle para hacerle sentirse bien consigo mismo; le sugerí que se olvidará de todo lo demás y de que había otras personas en la sala y ella lo hizo fenomenal. Dos semanas después nos reunimos por tercera vez para seguir con el programa y ella estaba completamente cambiada. ¡Ahora es una de mis mejores colaboradoras!

Otra idea más...

Lee la idea 24, *Cumple tus sueños*, y procura crear una visión de tu vida que incluya tener la confianza de vivirla.

La frase

«Acercaos al borde, no, nos caeremos
Acercaos al borde, no, no podemos
Acercaos al borde, no, nos da miedo
Y se acercaron
Y él los empujó
Y ellos volaron».
GUILLAUME APOLLINAIRE

33

¿Cuál
es tu
duda?

P Casi no puedo creer el buen resultado de esta actitud. Al principio pensé que era una tontería y que era imposible que funciona-
ra, pero después le concedí una oportunidad. Asistí a una de esas
reuniones en las que nunca decía nada y pensé en lo que realmente podía ofrecer. Me di cuenta de que normalmente la gente
salía de la reunión sin tener claro qué había dicho el jefe y pensé
que podía ayudar al resto del equipo a comprenderlo mejor si
hacía una pregunta y, aunque estaba nervioso, lo hice. No sólo
ayudé a los demás, que así me lo hicieron saber después, si no
que además mi jefe me agradeció que hiciera la pregunta. ¿Siempre da tan buen resultado?

R *¡Bien hecho! A tenor de mi experiencia, sí. Siempre funciona cuando consigo
totalmente dejar de pensar en mí.*

P **¿Desaparece alguna vez el sentimiento de miedo?**

R *Cada persona es única, así que no puedo responderte a esto. Sin embargo,
mi experiencia me dice que cuanto más lo practiques, más confianza en ti
mismo tendrás y menos nervioso te sentirás. Algunas veces todavía siento
que ese pánico me empieza a invadir y entonces me pregunto: «¿En quién
estoy pensando ahora mismo?». La respuesta invariablemente es en mí, así
que cambio mis pensamientos, lo cual siempre funciona. Cada vez me enfren-
to a retos más difíciles y la confianza en mí misma aumenta con cada uno de
ellos. ¡Simplemente sigue adelante!*

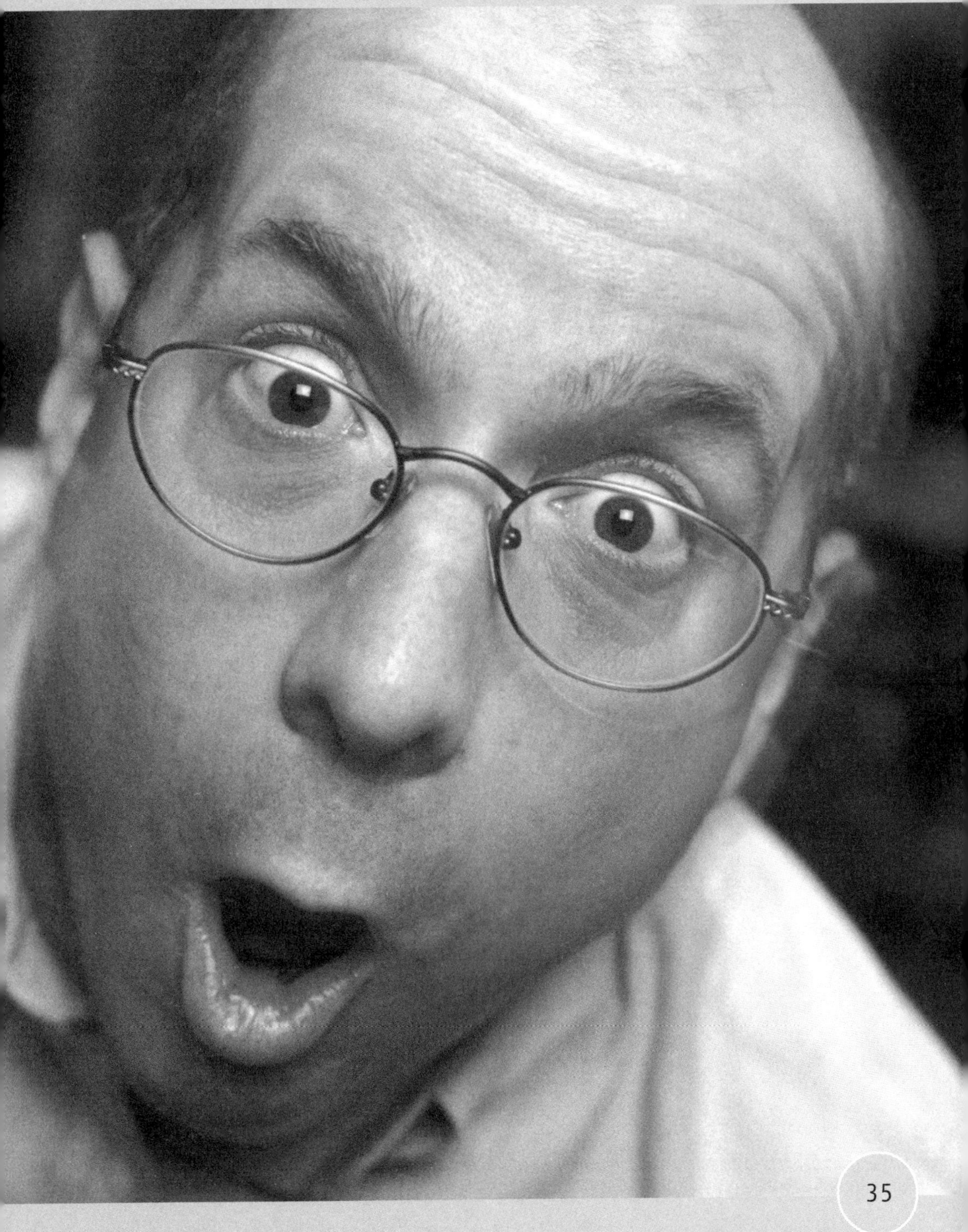

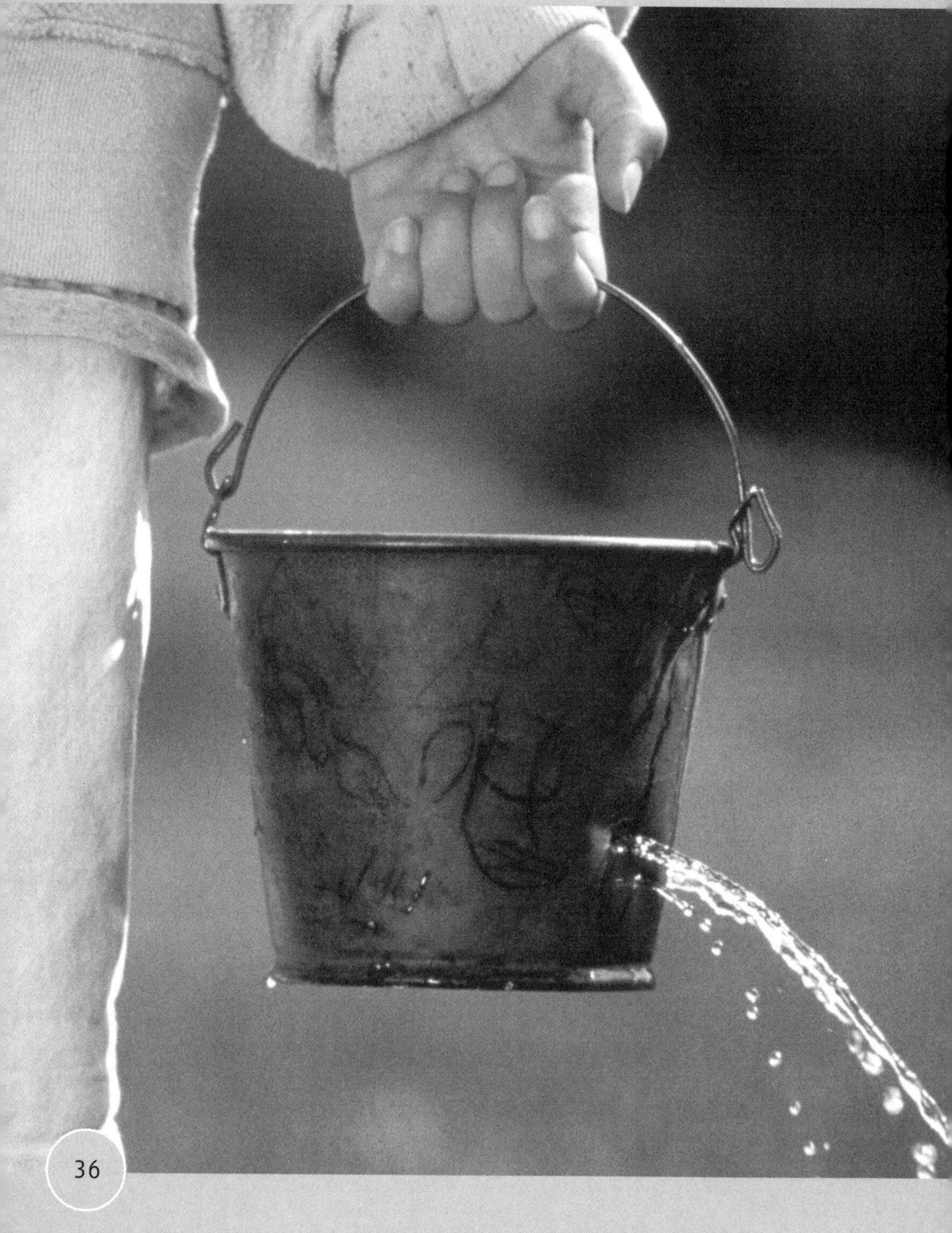

9

¿Qué tipo de líder eres?

El liderazgo (ya sea en el trabajo, en los ratos de ocio o con la familia) puede ejercerse de diferentes formas para inspirar a los demás a actuar en pos de los mejores intereses para ellos mismos y para el grupo.

El espectro de estilos de liderazgo empieza en el autocrático y termina en el democrático después de pasar por otras cuatro etapas. Sin embargo, los estudios realizados demuestran que los dos estilos de liderazgo más eficaces, «Empujar» y «Tirar», están compuestos por una combinación de etapas.

EL ESPECTRO COMPLETO

En uno de los extremos de la escala, el estilo de comunicación de un autócrata es «Decir»: «Quiero que hagáis esto y quiero que lo hagáis así». Se trata de un estilo imperativo que les indica a los demás qué tienen que hacer y todos los pasos que tienen que seguir para hacerlo. Si el estilo se mueve ligeramente hacia la democracia se convierte en «Vender»: «Quiero que hagáis esto, pero os explicaré por qué». Aunque también es imperativo, el líder les comunica las razones por las que quiere que lo hagan.

Una buena idea...

¿Cómo te comportas cuando estás con tu familia? ¿Tiendes a decirles lo que tienen que hacer? ¿Intentas persuadirles de que tu opinión es la más acertada? ¿Los mantienes subyugados con tus ideas? La próxima vez que haya que tomar una decisión, implícalos en el proceso: pídeles que compartan sus pensamientos e ideas y no olvides valorar y apoyar la información que te faciliten.

Si pasamos a otra etapa en dirección hacia la democracia, llegamos al estilo «Analizar»: se pide la opinión de las demás personas implicadas en la cuestión. Sigue prevaleciendo la idea del líder, pero esta vez el líder dice: «Esto es lo que creo que debemos hacer y éstos son lo motivos, pero decidme qué pensáis». El líder está abierto a las ideas y modificaciones que sugiera el grupo.

El siguiente paso es el estilo «Consultar» y en esta ocasión el líder dice: «De acuerdo equipo, nos enfrentamos a un reto o a una oportunidad. ¿Tenéis alguna sugerencia sobre cómo debemos hacerlo?». Ésta es la primera ocasión en que no prevalece la idea del líder.

El estilo más democrático de la escala implica que el grupo decide qué debe hacerse cuando se enfrentan a un nuevo reto y pasan a la acción sin indicaciones del «jefe».

El estilo «Empujar» de liderazgo es una combinación de las tres primeras etapas y el estilo «Tirar» es una combinación de las tres últimas, por lo que ambas están en el centro del espectro.

¿QUÉ ESTILO OBTIENE LOS MEJORES RESULTADOS DE MANERA CONTINUA?

En primer lugar debo decir que en este asunto no existe un estilo «adecuado» y otro «equivocado» si no que cada uno es apropiado para determinadas circunstancias. Si la sartén empieza a arder no vamos a reunir a todo el mundo para decidir qué es lo mejor que podemos hacer. Hay que afrontarlo: en esta situación lo adecuado es dirigir a todo el mundo para salvaguardar la seguridad de la familia.

Por otro lado, si le dices constantemente a tu equipo de trabajo o a tus hijos qué deben hacer, cómo deben comportarse o qué esperas de ellos sin respetar sus ideas y pensamientos, es poco probable que consigas resultados satisfactorios a largo plazo; seguramente dejarán su trabajo o se convertirán en adolescentes rebeldes.

Si crees que tiendes a adoptar un estilo «Empujar» y no animas a los demás a que desarrollen sus ideas, consulta la idea 39, *¡Cuidado con lo que dices!*

Otra idea más...

En nuestra etapa de desarrollo, seguramente a todos nos educaron en la creencia de que el liderazgo consistía en destacar del resto y decirles a los demás qué tenían que hacer; preguntarles cuáles eran sus ideas se consideraba un síntoma de «debilidad». Sin embargo, el estilo «Tirar» se considera ahora el estilo de liderazgo más eficaz, aunque también es el que más retos plantea.

La forma de liderazgo más eficaz y que proporciona mejores resultados consiste en implicar a todo el mundo, permitirles expresar su opinión sobre la tarea que se plantea. De esta forma se estimula continuamente a los demás para que mejoren. El estilo «Empujar» implica apreciar la contribución de los demás y reconocer sus logros. Además de esto, si ayudas a los demás a que desarrollen su potencial, cuando tú no estés ellos serán capaces de pensar por sí mismos y de arreglárselas bien.

«Si planeas con un año de antelación, planta arroz. Si planeas con diez años de antelación, planta árboles. Si planeas con cien años de antelación, planta gente».
PROVERBIO CHINO

La frase

¿Cuál es tu duda?

P **Me quedé un poco sorprendido cuando me di cuenta de que tendía a utilizar el estilo «Empujar» con mi equipo. Quiero cambiar, pero ellos parecen reticentes a plantearme sus ideas. Parece que no les interesa. ¿Merece la pena intentarlo?**

R *Sigue intentándolo. El cambio del estilo «Empujar» al estilo «Tirar» requiere algún tiempo. Intenta ponerte en su lugar: si nunca antes te hubieran pedido tu opinión y siempre te hubieran dicho lo que tenías que hacer, ¿cómo te sentirías si de repente alguien te preguntara qué piensas? ¿No te sentirías nervioso y desconcertado? Lo más importante es que sigas pidiéndoles su opinión y aprecies sus ideas; de esta forma, en algún momento empecerán a creer que se ha producido un cambio real.*

P **Cuando empezamos a hablar sobre dónde iríamos de vacaciones ese verano, nuestros hijos comenzaron a sugerir todo tipo de vacaciones, pero la charla acabó convirtiéndose en una discusión porque todos querían imponer su opinión. ¿Fue una mala idea someterlo a debate?**

R *No. Creo que es una buena idea involucrar a toda la familia en una decisión como ésa. Sin embargo, la próxima vez será mejor establecer unos determinados parámetros primero. Por ejemplo, plantea que deben buscar un lugar que tenga algo para todos: una piscina para Juan, discoteca para María, tiendas para mamá y algunos monumentos para papá. Propón que dediquen un tiempo a pensarlo para ver qué ideas se les ocurren. Recuerda que nunca han estado tan involucrados y quizá necesiten una pequeña guía que les sirva de ayuda.*

10

¡Trabaja en equipo!

Seguramente es más fácil vivir la vida al máximo si tenemos gente a nuestro alrededor que nos anima y nos apoya.

Todos sabemos que el trabajo en equipo es fundamental, pero aún así a muchos de nosotros nos cuesta ponerlo en práctica: a menudo acabamos compitiendo con los demás en lugar de trabajar con ellos.

NUESTRO PRIMER EQUIPO

El primer equipo de cuya existencia nos percatamos en nuestra vida es, sin lugar a dudas, la familia. Creo que en ningún momento fui consciente de esto durante mi etapa de crecimiento ni pensé en ello desde esta perspectiva. ¿Funcionaba mi familia como un equipo? Sólo en ocasiones contadas. Tengo un hermano y una hermana mayores que me llevan seis y siete años respectivamente y yo era una auténtica molestia para ellos todo el tiempo: siempre quería hacer lo mismo que ellos y mis hermanos pasaban más tiempo pensando en cómo librarse de mí que divirtiéndose. Papá era un hombre estupendo al que yo adoraba y recuerdo perfectamente una cosa que solíamos hacer juntos que a mí me hacía sentirme importante y parte del equipo. A él le encantaban los coches rápidos y, cuanto mayor se hacía él, más rápidos eran sus coches. Solía realizar pruebas de velocidad con ellos, lo que incluía cronometrar el tiempo que

Una buena idea...

Reúnete con tu familia para charlar sobre cómo sería la familia ideal, cómo se sentirían todos sus miembros y qué harían. Hablad sobre las cualidades que cada uno podría aportar, el papel que desempeñaría y el comportamiento que adoptaría cada uno. Después analizad el nivel de compromiso y convencimiento de cada miembro de la unidad familiar por conseguir este ideal. Este proceso puede resultar igualmente beneficioso en tu entorno laboral con los miembros de tu equipo.

tardaban en pasar de 0 a 100 kilómetros por hora. Yo era la encargada del cronómetro y eso me llenaba de orgullo. Pero en realidad, ¿nos sentamos alguna vez en familia para charlar sobre cómo podíamos trabajar todos en equipo? ¿Nos preguntamos alguna vez a nosotros mismos cuál era la cualidad más destacada de cada uno y qué podíamos aportar a la unidad familiar? Por desgracia, nunca, pero peor es aún el hecho de que no me d cuenta de lo extremadamente beneficioso que es esto hasta después de que mis propios hijos crecieran y, por tanto, también he perdido la oportunidad de ponerlo en práctica con ellos.

UNA ACTITUD DIFERENTE

Durante el periodo de crecimiento personal que siguió a la etapa de mis muchos errores, una de las cosas que descubrí sobre mí misma fue que pensaba que no estaba bien pedir ayuda. Creía que si no era capaz de hacerlo por mí misma era porque no era lo suficientemente buena. Otra de las cosas que descubrí fue que me sentía todavía más incómoda cuando tenía que trabajar en colaboración con otras personas; no me gustaba nada en absoluto que quisieran hacer las cosas de forma diferente a la mía, quería que los demás hicieran las cosas exactamente como yo las haría.

Entonces, ¿qué requiere el trabajo en equipo? Pues requiere saber qué se desea conseguir, tener una visión clara del objetivo y después determinar qué cualidades y habilidades tiene cada uno que pueda aportar al equipo. Luego cada uno por separado debe pensar de qué forma puede hacer su parte y animar y apoyar a los demás para que hagan la suya. La comunicación es esencial para el trabajo en equipo: asegura que todo el mundo sepa cómo está haciendo su parte, de forma que puedan tomarse las decisiones necesarias con la absoluta certeza de que se dispone de toda la información. Según mi experiencia en el mundo de los negocios, este aspecto es el que falla en casi todas las ocasiones. Las personas se entusiasman tanto con su parte del trabajo que olvidan el impacto que sus decisiones pueden tener sobre el trabajo de los demás, lo que puede llevar al caos y al fracaso.

Si deseas saber cómo progresa el trabajo en equipo, escucha las opiniones al respecto de los demás. Consulta la idea 27, *¿Lo estoy haciendo bien?*

Otra idea más...

«La forma en que un equipo trabaja en conjunto determina su éxito. Incluso el mejor equipo de estrellas del mundo no valdría ni un céntimo si sus miembros no jugaran en equipo».
BABE RUTH

La frase

¿Cuál es tu duda?

P Esto parecía algo muy serio y cuando se lo planteé a mi familia los ojos se les salían de las órbitas, pero aún así conseguí que todos nos sentáramos a charlar y después de los típicos comentarios iniciales nos pusimos manos a la obra. Todos mostraron mucho interés y al final teníamos una clara visión de lo que queríamos y todos nos comprometimos a hacer nuestra parte como miembros del equipo. Sin embargo, después mi marido empezó a mostrarse muy reticente y afirmó que no funcionaría porque nuestros hijos no cumplirían su parte del trato. ¿Qué puedo hacer para que cambie de actitud?

R La actitud de tu marido no es de gran ayuda y además, teniendo en cuenta que nuestra forma de pensar crea nuestra realidad, incluso podría sabotear el ejercicio de forma involuntaria. Simplemente tendrás que mostrarle mayor apoyo a corto plazo y centrarte en los aspectos que funcionan. Diles a tus hijos que lo están haciendo muy bien y pregúntales cómo se sienten al formar parte de un equipo feliz. Hazle saber a tu marido lo bien que lo están haciendo tus hijos, lo que contribuirá a mantener la ilusión y seguramente a cambiar su actitud negativa.

P Me resulta fácil ayudar y animar a los demás, pero me es casi imposible pedir ayuda para mí misma. ¿Cómo puedo solucionarlo?

R Yo también tenía este problema: pedir ayuda me parecía un síntoma de debilidad. Sin embargo, piensa en lo bien que te sientes cuando alguien te pide tu ayuda y en la satisfacción que produce saber que puedes hacer algo para ayudar a otra persona. A todos nos gusta que alguien nos necesite, así que plantéate por qué no ibas a darles a los demás la oportunidad de sentirse así. Piensa en esto como en algo que das a los demás en lugar de como en algo que recibes.

11

¿Eres dueño de tu propia vida?

¿Tomas tus propias decisiones o hay veces que sientes que no tienes ningún control, como si no tuvieras elección?

Si te pareces un poco a mí, habrá habido muchas ocasiones en que hayas sentido que todo el mundo controla tu vida menos tú y que estás a disposición de todos los demás.

¿DE QUIÉN ES LA VIDA?

Antes mi vida consistía en una sucesión de «deberías» o «no deberías», «tienes que» o «no tienes que», «debes» o «no debes». ¡Siempre había alguien que me dijera que *debería* haber escrito esa carta antes, alguien que me dijera que *tenía* que terminar el trabajo ese día o alguien que me dijera que *debía* hacer alguna cosa si quería evitar esta o la otra situación! ¿Te resulta familiar todo esto? Me sentía siempre como si mi vida estuviera bajo el control de una persona ajena a mí, como si alguien manejara mis hilos. Me sentía agotado y siempre había algo más que debiera haber hecho antes de irme a dormir. La cuestión es que realmente empecé a pensar que no tenía opciones, pero después leí un libro que produjo un gran efecto tanto en mi forma de pensar como en mi forma de hablar. Me di cuenta de que las palabras que empleaba para hablar conmigo mismo y con los demás no me ayudaban en absoluto. Utilizaba estas palabras conmigo mismo y, por descontado, con los demás constantemente y por consiguiente

Una buena idea...

Anota en papeles adhesivos algunas palabras de desautorización en letras mayúsculas. Después táchalas con una gran cruz roja y pega las notas en algún sitio a la vista, como el frigorífico, el cajón de la ropa interior o el televisor. Este ejercicio te ayudará a ser consciente de la frecuencia con que las usas y del poco control que ejerces sobre tu vida. Cambia las palabras que utilizas por «elijo» y «no elijo».

Tuve un cliente que necesitaba ayuda para superar un cáncer de próstata. Cuando le pregunté por su vida me contó lo que debía hacer y lo que debería estar haciendo. Cedía el control de su vida a un elemento exterior, pero el cáncer estaba dentro de él. Le indiqué que realizara este ejercicio y, cuando volvió una semana después, era una persona muy distinta. Había decidido él mismo qué quería hacer: al cambiar su forma de hablar había recuperado el control de su vida. Ahora era posible empezar a superar el tema del cáncer.

me sentía permanentemente desautorizado. Cedía el control y me mantenía en la creencia de que yo no podía controlar mi destino, lo que no me ayudaba nada en absoluto, así que cambié mi forma de hablar.

¿QUÉ TENGO QUE CAMBIAR?

Bien podría afirmarse que el lenguaje es semántica y desde luego estoy de acuerdo, pero, ¿tienen las palabras algún poder? Por supuesto que sí. La vida no tiene ningún sentido hasta que tú se lo das. La forma en que describimos algo determina la forma en que probablemente será. Supongamos por ejemplo que ocurre algo y tú dices: «Estoy absolutamente enfadado». ¿Qué humor es probable que tengas? Seguramente el sentimiento de estar enfadado; pero si, por el contrario, dices que te sientes algo enfadado, es probable que te sientas exactamente así: algo enfadado. Por lo tanto, el lenguaje tiene poder.

Palabras como «debería» y «debo» implican que no hay posibilidad de elección y cuando pensamos que no tenemos posibilidad de elección, nos sentimos presionados y por lo tanto no pensamos ni actuamos tan bien como en realidad podemos. En lugar de ellas, utiliza palabras como «elijo hacer esto» o «elijo no hacer esto» ya que lo cierto es que siempre

En la idea 22, ¿Quién dirige tu vida?, puedes encontrar más información sobre cómo tener el control. Puede ayudarte a refrescar tus ideas.

Otra idea más...

tenemos elección: sólo tenemos que ser conscientes de que unas opciones nos resultan menos cómodas que otras. Por ejemplo, cuando te dices a ti mismo «Debería terminar este trabajo hoy», ¿cómo te sientes cuando piensas en él y en lo bien que lo harás? Después piensa que tienes la posibilidad de hacerlo hoy o no. Decidir no hacerlo puede resultarte doloroso: ¡si no lo haces te echarán del trabajo! Pero ¿qué ocurre si te dices a ti mismo «Elijo hacer este trabajo hoy»? ¿Cómo te sientes cuando piensas en el trabajo? Lo que es más, ¿quién tiene el control?

«El lenguaje ejerce un poder oculto, como la luna sobre las mareas».
RITA MAE BROWN, autora estadounidense y activista social

La frase

¿Cuál es tu duda?

P **Esto me resultaba ridículamente simple, pero cuando empecé realmente a escucharme a mí misma me quedé muy sorprendida de la cantidad de veces que utilizaba palabras de desautorización con mis hijos. ¿Les afecta tanto a los que las escuchan?**

R *En mi opinión sí, pero pregúntales a ellos. ¿Cómo te sientes cuando le pides consejo a alguien y te dice exactamente lo que deberías estar haciendo? ¿Te sientes bien o te apetece hacer algo diferente por alguna razón? Ahí tienes la respuesta. Piensa en cómo te sientes cuando alguien te dice que «deberías» o «debes» hacer algo. Esfuérzate al máximo por conseguir decir cosas como «Tienes varias posibilidades, ¿cuál crees que será la elección más acertada en tu caso?».*

P **Comencé a fijarme en las palabras que utiliza mi mujer porque soy consciente de lo reticentes que nos mostramos mis hijos y yo mismo cuando nos pide que hagamos algo y me di cuenta de que utiliza palabras de desautorización constantemente. ¿Cómo puedo cambiar esta circunstancia?**

R *Da la impresión de que piensas que ella es consciente del efecto que produce y puede que no sea así. ¿Por qué no le sugieres la forma en que te gustaría que te pidiera que hicieras las cosas y después respondes a sus peticiones de forma muy diferente? Luego puedes sugerirle que haga lo mismo con vuestros hijos ya que tú te sientes mucho más contento al hacer las cosas que te pide con esta nueva forma de hablar.*

12

¿Cómo va tu motivación?

Podemos considerar la motivación desde dos perspectivas: la motivación que requiere dinero y la motivación que requiere tiempo. Tanto en el trabajo como en la vida privada, conocer estas formas diferentes de motivar a la gente puede ser de gran utilidad.

La motivación consiste en animar a alguien a quererse comportar de una determinada forma o querer realmente conseguir algo. Es un elemento importante en nuestras relaciones laborales y personales.

LOS ELEMENTOS MÁS SIMPLES DE LA MOTIVACIÓN

Imagina a un joven que acaba de decidir cambiar de trabajo. En este momento sus pensamientos irán encaminados al nuevo sueldo, los beneficios sociales como un plan de pensiones o un coche de empresa, la situación física de la oficina, el aspecto de la misma, el cargo y consideración que ocupará, el horario, las vacaciones y, por supuesto, la descripción del trabajo.

Una vez que empiece a trabajar en su nuevo empleo, comenzará a considerar las cosas de otra forma. Los aspectos tangibles que acabamos de mencionar, que denominamos factores de higiene, dejarán de ser su única fuente de motivación. De hecho, sólo sirven

Una buena idea...

Elabora una lista de factores que no sean de higiene que podrían servirte de motivación en tu trabajo, como logros, reconocimiento, crecimiento personal y responsabilidad. ¿Cuántos están presentes en tu entorno de trabajo? Después piensa en cómo podrías motivar a los demás. ¿Qué puedes hacer mañana de otra manera para hacer que tus compañeros se sientan mejor con ellos mismos y les sirva de inspiración para rendir más?

para asegurarnos de que el empleado cumple los requisitos requeridos para el trabajo y es poco probable que motiven a alguien para realizar el trabajo de forma sobresaliente. Existen numerosos estudios que defienden esta teoría. Por ejemplo, solemos pensar que la principal motivación es el dinero y puede que sea cierto que si le doblas el sueldo a alguien, durante un tiempo trabaje más duramente. Pero los estudios demuestran que en realidad a los pocos días volverá a trabajar al mismo ritmo que antes, seguramente en la creencia de que se merece el sueldo que gana por el trabajo que realiza.

Esto no quiere decir que los factores de higiene que hemos mencionado no sean importantes. Imagina que alguien te reduce el sueldo a la mitad, sólo el tuyo, no el de los demás. Indudablemente esto tendría un efecto muy negativo en tu rendimiento. Por lo tanto, estos factores constituyen la base sobre la que tomamos la decisión de aceptar un empleo en primer lugar y también de rendir de manera aceptable una vez que realizamos el trabajo.

OTRAS MOTIVACIONES

Ahora ya sabemos que en la motivación entran en juego otros elementos además de los factores de higiene o tangibles. Obtener el reconocimiento por el trabajo bien hecho (quizá por haber resuelto bien una situación, por alcanzar el objetivo de producción o por realizar una venta) es una motivación muy importante, y todo lo que requiere es que la persona en cuestión reciba en público las felicitaciones y agradecimientos correspondientes. Piensa en toda la gente que realiza un trabajo mal remunerado pero satisfactorio, como por ejemplo los trabajadores de instituciones de caridad o los mozos de cuadra, que ponen mucho sentimiento en lo que hacen y la única motivación que necesitan es el reconocimiento de su labor.

Lo mismo ocurre en el caso de nuestra vida familiar y otras relaciones personales. Por ejemplo, podemos ofrecerles a nuestros hijos los mejores dormitorios del mundo con todos los trastos que tienen sus amigos y más, o podemos hacer que sean los estudiantes más ricos de la universidad, pero si no reconocemos sus logros, les mostramos que apreciamos de corazón su ayuda y apoyo o que les apreciamos por lo que son, les colocamos en un entorno estéril que ignora sus necesidades emocionales y deseos y que puede desembocar en un comportamiento que es mejor no experimentar.

La idea 30, *El tamaño no importa*, puede servirte de ayuda para ayudar a tus hijos a que piensen en sus propios intereses.

Otra idea más...

«Celebra aquello de lo que quieres ver más».
TOM PETERS

La frase

¿Cuál
es tu
duda?

P Estoy intentando ayudar a mi hijo adolescente para que obtenga mejores notas en el colegio, pero el problema está en que no le interesa ninguna asignatura salvo la lengua. Lee muchas novelas, pero ¿cómo podemos motivarle para que se interese por otros temas?

R *Es importante que aprecies sinceramente todo el esfuerzo que tu hijo está realizando con la asignatura de lengua: dile lo bien que lo está haciendo y que estás muy contento. Así después podrás preguntarle qué necesita para interesarse por otras asignaturas. En otras palabras, involúcrale. Alabando continuamente sus progresos con la lengua, quizá le animes a esforzarse por progresar en otras asignaturas también.*

P Me he dado cuenta de que adopto una visión muy analítica a la hora de dirigir a mi equipo (por cierto, soy abogado) y me centro en exceso en conseguir lo que tú llamas factores de higiene. Una de las personas de mi equipo trabaja de forma muy independiente con respecto a mí; se dedica a hacer las cosas y sólo me involucra cuando es estrictamente necesario. Ahora pienso que debería reconocerle su labor y agradecérselo. ¿Es lo correcto o puede que ella lo considere como una interferencia?

R *Estoy segura de que ella no considerará tu reconocimiento como una interferencia. A todos nos gusta sentirnos valorados e involucrados, así que es muy probable que en realidad se sienta encantada. De hecho, hacerle saber que valoras en gran medida su contribución y agradecerle el duro trabajo que realiza seguramente la animará a seguir así.*

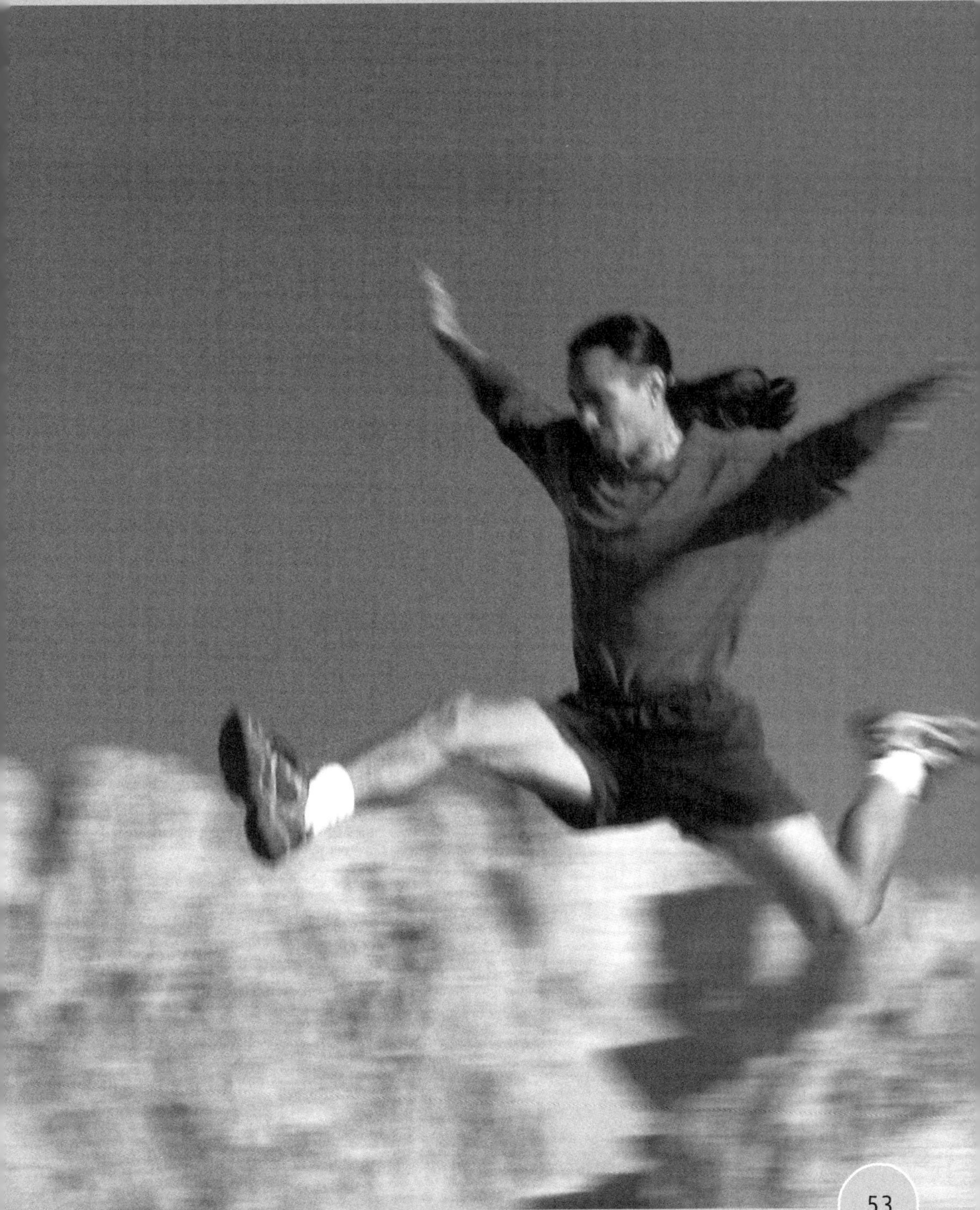

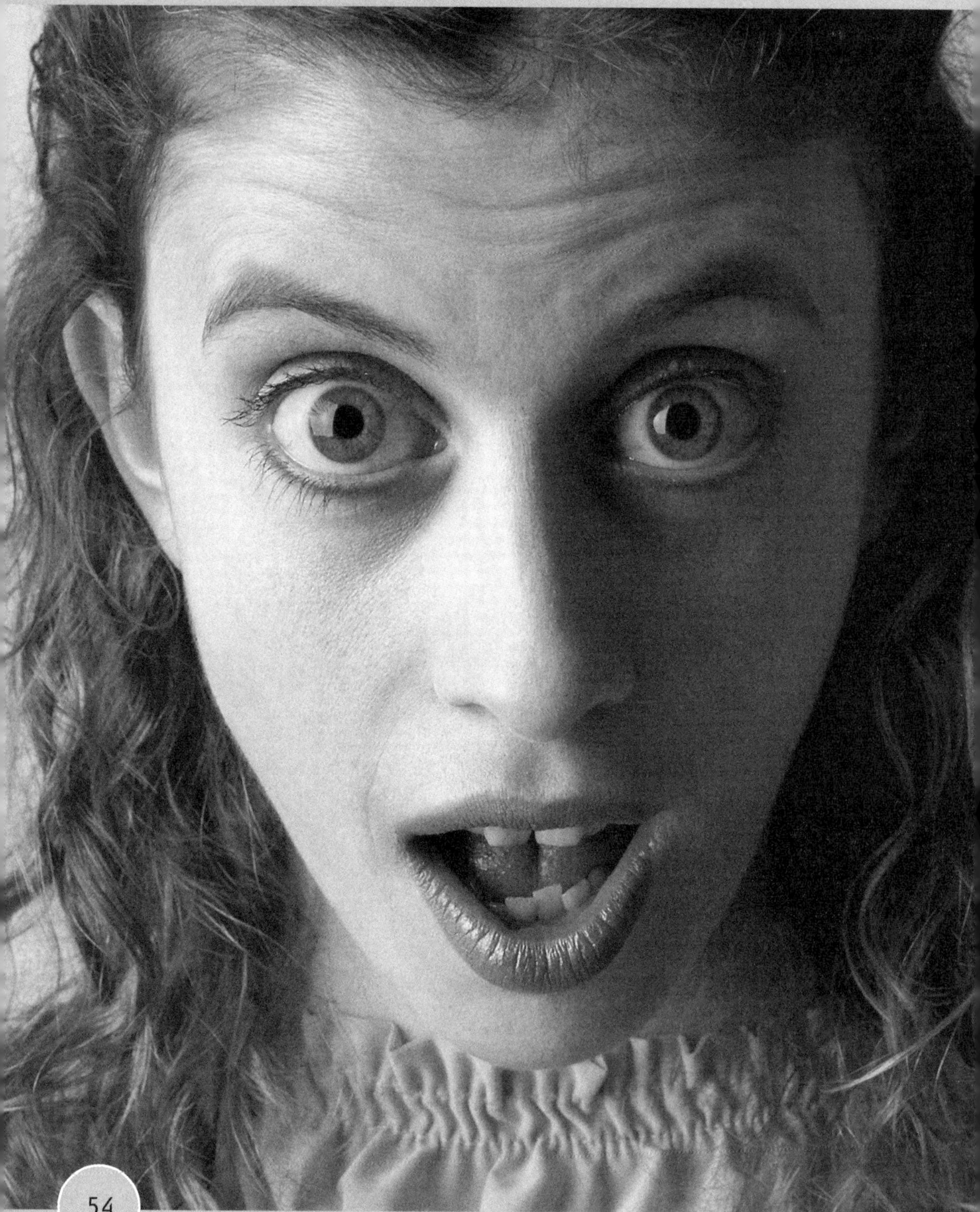

13

Dales una oportunidad

Si asumimos que los demás son vagos, informales y que no se comprometen y los tratamos como si de verdad fueran así, seguramente ellos empezarán a adoptar este tipo de comportamiento.

La siguiente idea tiene su origen en un interesante estudio del mundo laboral, pero puede aplicarse también a nuestra vida personal además de a la profesional.

PUEDES CONFIAR EN MÍ

Consideraremos el aspecto laboral en primer lugar. El gurú de la motivación Douglas McGregor es el creador de una de las teorías de gestión más duraderas en el tiempo: la Teoría X y la Teoría Y sobre dirección, que se ha convertido en parte del vocabulario de la dirección y gestión empresarial. Según McGregor, los directivos tienden a realizar presunciones sobre las personas que trabajan para ellos, las cuales se engloban en dos grandes categorías.

Los directivos de la Teoría X tienen poca fe en sus empleados: consideran que a ellos no les gusta el trabajo y que sus únicas motivaciones son el dinero y el temor. También creen que no se puede confiar en los empleados y que carecen de creatividad excepto para obviar las normas de los jefes. La Teoría X es, por supuesto, una profecía que tiende a cumplirse. Si creas unas determinadas presunciones sobre los demás y los

¿Cómo puedes estar enviándole mensajes de la Teoría X a tu equipo de trabajo o a tu familia? Habla con ellos sobre este tema y pídeles que te indiquen cuándo se sienten así. ¿Cómo puedes cambiar positivamente tu forma de tratar a los demás para demostrarles que consideras que pertenecen a la Teoría Y? Analiza cuidadosamente cómo te comunicas con los demás. ¿Te esfuerzas por imponer tus ideas y criticas las de los demás o apoyas y animas las ideas de los otros?

tratas como si fueran así de verdad, es probable que sea precisamente así como se comporten.

Los directivos de la Teoría Y creen justo lo contrario: piensan que los demás necesitan trabajar tanto por razones económicas como sicológicas y que les motiva el hecho de obtener un reconocimiento y unos logros, que es fácil confiar en ellos, que reclaman más responsabilidad y que son tan creativos que constituyen la mejor fuente de ideas para la empresa. Esto es también una profecía que tiende a cumplirse.

McGregor considera que las personas tienden a ser una mezcla de ambas teorías, en las que predomina el comportamiento de la Teoría Y a menos que factores de presión externos, como no cumplir los objetivos, los desplace hacia la Teoría X.

Resulta interesante el hecho de que si se pregunta a los empleados cuál de los dos perfiles les describe más acertadamente, la inmensa mayoría elige la Teoría Y independientemente del grado o nivel que ocupan en la empresa.

PERO CUIDADO CON ELLOS

Sin embargo, si se les pregunta a los jefes si están de acuerdo o no en que hay más actitudes y comportamientos de la Teoría X por parte de los empleados de los que les gustaría ver, la respuesta es casi siempre «Sí». Pero ya que los empleados se describen a sí mismos más cercanos a la Teoría Y que a la Teoría X, si aceptamos el principio de la profecía que tiende a cumplirse parece razonable pensar que el comportamiento de la Teoría X aflora como consecuencia de la forma en que los jefes tratan a su personal.

A simple vista parece absurdo, ya que estos directivos no tienen dudas en definirse a sí mismos como predominantemente Y. Yo tengo una teoría acerca de esto: supón que todos los días los jefes envían inintencionadamente mensajes de la Teoría X a sus empleados a causa de su forma de expresarse. Si los directivos no escuchan a sus empleados, tienden a decirles lo que deben hacer continuamente y rechazan sus ideas debido a que ellos ocupan una posición superior y tienen más experiencia, probablemente les estén enviando el mensaje de que no confían en ellos de forma individual y en su rendimiento como equipo.

Podemos transportar todo esto a nuestra vida personal. Confiamos en nuestros hijos pero, ¿les demostramos realmente esta confianza? Por ejemplo, si todos los jueves comprobamos si nuestro hijo se ha acordado de recoger sus botas de fútbol, ¿se molestará él en acordarse de recogerlas? Si confiamos en que se acordará de hacerlo, es más probable que lo haga o que asuma la responsabilidad de las consecuencias si se olvida de hacerlo (lo cual también puede servirle como recordatorio para la próxima vez). En un tema más serio, si mostramos una actitud que indica «No quieres hacer las tareas del colegio porque te supone mucho esfuerzo» es probable que los niños adopten dicha actitud. Si por el contrario tratamos a los niños como si comprendieran la necesidad de aprender y quisieran hacerlo, seguramente adoptarán las actitudes y comportamientos de la Teoría Y.

La idea 26, *Habla, que te escucho*, trata sobre cómo influir en la gente escuchándolos. Puede proporcionarte más detalles sobre el comportamiento de la Teoría Y.

Otra idea más...

«La gente se siente motivada cuando los guías hacia el origen de su propia fuerza y cuando haces héroes de empleados que personifican lo que quieres ver en la organización».
ANITA RODDICK

La frase

¿Cuál es tu duda?

P **Me di cuenta de que no le concedía ninguna responsabilidad al miembro más joven de mi equipo de trabajo, simplemente le pedía que ejecutara las órdenes. Pensé en algo que ella pudiera hacer y se lo planteé como objetivo sin indicarle cómo hacerlo. Pero me han dicho que tiene dudas y que no se atreve a pedirme ayuda. Eso no es lo que se supone que tenía que pasar, ¿verdad?**

R *Recuerda que seguramente está acostumbrada a que la trates con la Teoría X, por lo que necesitará más apoyo. La próxima vez siéntate a hablar con ella y pregúntale qué piensa sobre cómo conseguir los objetivos y escucha lo que te dice. Intenta no interrumpirla para darle consejos y después permítele que haga el trabajo.*

P **Siempre le recuerdo a mi hija que meta sus discos de música en la maleta, pero un día decidí confiar en ella y no comprobar si lo había hecho. Hasta ahora los ha olvidado dos veces. ¿Sigo confiando en ella en este aspecto?**

R *Puedes plantearte la cuestión desde una perspectiva más amplia. ¿Hay otros aspectos en los que tu comportamiento muestre una falta de confianza? Mi consejo es que lo sigas intentando y pruebes otros comportamientos positivos y alentadores; si sigues así estoy segura de que ella pronto lo hará bien. Recuerda decírselo cuando suceda y transmítele ánimo y apoyo.*

14

Identifica tus necesidades

Tenemos muchas necesidades en nuestras vidas, algunas de las cuales ni siquiera afloran hasta que otras están completamente satisfechas. Uno de los papeles esenciales de un buen líder es ayudar a los demás a satisfacer todas sus necesidades.

No fui consciente de mi necesidad de cambiar hasta que ganaba suficiente dinero para vivir, para pagar la hipoteca, tenía un hogar adecuado, mantenía una relación afectuosa con mis familiares y amigos y me sentía feliz en términos generales.

DESPUÉS DE UN NAUFRAGIO

Imagina que tu barco ha naufragado. Cuando recuperas la consciencia te encuentras con medio cuerpo sumergido en el agua, escupiendo algas y algunos pececillos. Miras a tu alrededor y te das cuenta de que estás en una isla y de que eres el único superviviente. Asumiendo que no existe forma de salir de allí, lo primero que necesitarás será agua y comida: sin comida puedes sobrevivir unos cuantos días, pero sin agua tan sólo unas horas. Después de encontrar agua y comida, querrás buscar cobijo para protegerte de los elementos y de los animales salvajes que puedan estar al acecho. También

Piensa en alguien cuyo comportamiento te gustaría cambiar y analiza por qué se comporta de esa manera. ¿Qué obtiene a cambio? Yo fumaba cuando era mucho más joven. ¿Por qué? Porque mis amigos fumaban y yo creía que era algo fabuloso y quería seguir a los demás; además, era algo tímida y pedirle fuego a una persona era una buena forma de iniciar una conversación. Mis padres alegaban razones médicas para intentar que lo dejara, sin ningún éxito. Una de mis hijas ha fumado hasta hace poco y yo también intentaba que lo dejara por motivos de salud, pero he tenido que morderme la lengua para mantener la boca cerrada.

querrás aprender a hacer fuego y a pescar algún que otro pez. Una vez hecho todo esto, empezarás a sentirte solo y decidirás explorar la isla para intentar encontrar algo de compañía. ¡Tienes suerte! Encuentras un poblado y los nativos, en lugar de comerte, te reciben con los brazos abiertos. Después comienzas a preguntarte qué papel puedes desempeñar en este poblado y te conviertes en el profesor de español, siendo muy valorado por todos. Luego empezarás a pensar en tu gran pasión en la vida: la pintura. El barco en el que viajabas se dirigía a Hawai, donde ibas a pasar seis meses pintando para después regresar a tu país a vender los cuadros. Eso era lo que siempre habías querido hacer, era tu sueño. Pero, ¿qué posibilidades había de que al recobrar la consciencia lo primero en lo que pensaras fueran tus cuadros y caballetes? Ninguna, porque la supervivencia y comodidades básicas ocupan el primer lugar.

Siempre intentamos satisfacer las que creemos que son las necesidades de los demás, cuando en realidad no tenemos ni idea de lo que de verdad necesitan. Todos hacemos las cosas por razones que nos valen a nosotros. ¡No conozco a nadie que haga las cosas para fracasar a propósito! Imagina que en el trabajo alguien debe informarte sobre quién es el mejor comercial de la empresa, que adora el trabajo que realiza, se gana un buen sueldo y se organiza para tener libres las tardes de los viernes para jugar al golf con sus amigos. Crees que será un buen gerente y decides ascenderle: le vendes esta oportunidad de oro mostrándole que ganará mucho dinero, que tendrá mayor autoridad, que no tendrá que

Es fácil hacer algo porque simplemente crees que debes hacerlo. Consulta la idea 11, *¿Eres dueño de tu propia vida?*

Otra idea más...

viajar tanto, etcétera. Piensas que le has ofrecido una gran oportunidad, pero piensa en lo siguiente: las cualidades que requiere un buen directivo son muy diferentes de las de un buen comercial y puede que fracase. Él está acostumbrado a ser el mejor y perderá esta condición. ¿Qué ocurrirá con sus partidas de golf con sus amigos? Y además, ¿no es cierto que le apasiona vender? El resultado de este ascenso podría ser que no es tan bueno como gerente, que no cumple los objetivos y que finalmente es despedido. Entonces tendría que cambiar su estilo de vida porque ya no ganaría tanto dinero. Lo que en realidad ha ocurrido es que no tenías ni idea de cuáles eran sus necesidades y has tomado una decisión sin tenerlas en cuenta. Es prácticamente imposible cambiar el comportamiento de otra persona sin comprender primero porqué hace lo que hace.

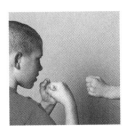

«*Para cambiar a una persona es necesario cambiar su conciencia de sí misma*».
ABRAHAM MASLOW, psicólogo

La frase

¿Cuál
es tu
duda?

P **Siempre me pregunto por qué no funcionan mis intentos de que mi marido deje de fumar. ¿Es demasiado tarde para cambiar un hábito como éste?**

R *Creo que nunca es demasiado tarde, pero si lleva fumando la mayor parte de su vida entonces se trata más de una adicción que de un hábito, lo cual es más difícil. Sin embargo, hay ciertas cosas que puedes hacer siempre y cuando, e insisto siempre y cuando, él quiera dejarlo. Primero ayúdale a determinar porqué fuma y después analiza con él qué podéis hacer para reemplazar esas necesidades. Por ejemplo, uno de mis problemas era la timidez. ¿Cómo podía acercarme a alguien sin la excusa de pedirle fuego? ¿De qué otra forma podía ser «guay» y estar integrada en el grupo? Es necesario poner en práctica otras tácticas si no encontráis nada que reemplace esas necesidades porque si no es fácil volver a caer.*

P **Has dicho que el papel esencial de un líder es ayudar a los demás a satisfacer sus necesidades. ¿Podrías explicarlo mejor?**

R *Una vez cubiertas todas tus necesidades básicas puedes empezar a pensar cuál es realmente tu auténtica pasión, tu propósito en la vida si lo prefieres. El mío es recopilar toda mi experiencia vital y utilizarla para ayudar a los demás. Quiero dejar una profunda huella en sus vidas. Si trabajase en una gran empresa me gustaría que mi jefe me estimulara para encontrar la forma de hacerlo; de esta manera me ayudaría a ser la persona que puedo ser y a entregarme aún más porque me entregaría «con pasión». Aquello que más nos apasiona es seguramente lo que más nos hace destacar. En mi mente, el liderazgo consiste en ayudar a los demás a ser lo mejor que puedan.*

15

Lluvia de ideas

El trabajo en equipo bien hecho consiste en fomentar las ideas de otra persona y después trabajar sobre ellas. Desde el principio tendremos un apoyo: ¡la propia persona que tuvo la idea! Incluso hasta puede que se nos ocurra una idea todavía mejor.

¿Admitimos que una idea es buena o tendemos a menospreciarla explicando por qué no funcionará, o la escuchamos a duras penas e interrumpimos con lo que consideramos es una idea mucho mejor?

¿SUMAR O RESTAR?

Todos tenemos unas mentes increíblemente activas y la mayoría deseamos compartir nuestras ideas. Al fin y al cabo, esas ideas pueden resolver un problema, ofrecernos una nueva oportunidad o sacarnos de alguna situación negativa. Sin embargo, ¿cuántas veces tenemos la sensación de que nadie escucha nuestras ideas y que todos los demás disponen de más tiempo para expresar las suyas? ¿Cuántas de esas grandes ideas que tan amablemente compartimos acaban por perderse o son adjudicadas a otras personas? Algunas veces me siento a observar lo que ocurre en las reuniones de negocios y me entristece ver las oportunidades que se pierden. Observo cómo alguien propone un paso adelante y espera conteniendo el aliento que alguien reconozca el acierto de su idea, no necesariamente que esté de acuerdo, pero que al menos diga: «Es una idea

Una buena idea...

La próxima vez que alguien te proponga una idea, escúchala con atención e intenta buscar alguna forma de desarrollarla, pero antes de hacerlo no olvides decirle que la consideras una idea interesante. Esto es muy importante ya que si no lo haces parecerá que estás proponiendo otra idea diferente. El hecho de no apoyar la idea original puede llevar al tipo de problemas que hemos analizado anteriormente. Recuerda: primero alaba la idea y después trabaja sobre ella.

interesante, podemos considerarla». ¡Nada! ¿Pero qué ocurre? Es posible apreciar cómo esta persona se desconecta y piensa para sí misma: «Vale, no os interesa mi idea así que, ¿por qué me van a interesar a mí las vuestras?». O bien adoptan una actitud pasiva o bien se dedican a echar por tierra las ideas de los demás cada vez que hacen una nueva propuesta. Lo curioso es que la mayor parte de las personas presentes en la sala piensan que es una buena idea pero *no dicen nada*, es como si esperaran que la persona que ha propuesto la idea pudiera leerles la mente para saber que ellos valoran su idea.

Este tipo de comunicación es la forma más rápida que conozco para eliminar la creatividad e innovación. Esto ocurre una y otra vez y el jefe siempre anda quejándose de que nadie propone ideas. Me apetece gritarles: «¿Por qué no escucháis, apoyáis y animáis a las personas que estáis oyendo?».

ES MEJOR SUMAR

La mejor manera de analizar una idea propuesta por otra persona es alabarla reconociendo su valor para después, si es posible, desarrollarla. Por ejemplo, imagina que un compañero te propone lanzar un nuevo producto cuya fabricación es fácil y de bajo coste. Entonces tú dices: «Me parece una idea realmente interesante y creo que su lanzamiento sería aún mejor si lo combinamos con el lanzamiento de este otro producto, que hemos estado desarrollando pero no estamos seguros de si tendrá mercado. Los dos juntos podrían ser todo un éxito». Entonces la primera persona dice: «Es un pensamiento muy acertado y si los lanzamos en julio, al principio de las vacaciones escolares, podrían abrirse mercado muy rápidamente». Lo que ha ocurrido es que han tomado la idea original y la han desarrollado; se ha producido una sinergia y un trabajo en equipo. Se trata de dos personas trabajando juntas que desarrollan sus ideas de forma que realizan un análisis más profundo de las mismas y como resultado éstas resultan más efectivas.

Por desgracia, esto no es lo que suelo observar. Por lo general, se ignora a los que proponen nuevas ideas, el que eleva más la voz es el que consigue imponer sus ideas o es la persona con mayor autoridad o poder la que gana. Y esto también es aplicable al ámbito familiar. A menudo no se tienen en cuenta las ideas del miembro más joven de la familia, lo cual es una pena porque a menudo aportan el germen de una buena idea que, si se escucha, apoya y desarrolla, puede convertirse en una gran idea y así el joven se sentirá motivado para ser aún más creativo la próxima vez.

Cuando alguien te proponga una idea, asegúrate de que entiendes correctamente lo que te está sugiriendo. Recuerda que las palabras pueden significar cosas distintas para dos personas diferentes. Consulta la idea 28, *Presta atención a los demás.*

Otra idea más...

«*Las ideas son como lo conejos: tienes dos y aprendes a manejarlos, pero enseguida te encuentras con una docena*».
JOHN STEINBECK

La frase

¿Cuál es tu duda?

P **¿Qué puedo hacer con un niño que sólo propone ideas absolutamente ridículas?**

R *Lo primero que me gustaría saber es por qué éste es el caso. ¿Lo hace deliberadamente porque siente que en el pasado no le has escuchado? Prueba a preguntarle: «Si supieras que pondré en práctica cualquier idea que sugieras, ¿qué plantearías?». Otra cosa que puedes hacer es, independientemente de cuál sea la idea que te sugiera, no desestimarla ni decirle a tu hijo que es una tontería. Analiza si hay al menos una parte de la idea que puedas admitir. Creo que la vena creativa de tu hijo empezará a ser mucho más productiva en cuanto se dé cuenta un par de veces que tomas en serio sus ideas.*

P **En mi trabajo hay una persona que siempre echa por tierra las ideas de los demás; no es que proponga las suyas, si no que se limita a decirles a los otros que sus ideas no son buenas y que no funcionarán. ¿Cómo debemos tratarla?**

R *Responderle, ¡de forma constructiva, desde luego! Por lo que dices, no sé si es que simplemente no es consciente del efecto que produce en los demás o lo hace de forma deliberada. Yo en realidad no haría si no sentarme a hablar con esa persona de tú a tú y explicarle el efecto que produce en las personas afectadas y decirle que de hecho lo que hace es eliminar las ideas. Pocas personas desean de forma consciente ser destructivas y a menudo lo que ocurre es que se comportan según un patrón erróneo que han desarrollado.*

16

¡Por favor, déjame pensar!

Si analizas las cosas detenidamente tomarás mejores decisiones y lo que es más, si ayudas a los demás a analizar las cosas ellos tomarán decisiones mejores y a la vez fomentarás tu liderazgo y tus capacidades de relación.

Tomamos todas y cada una de nuestras decisiones, por grandes o pequeñas que sean, después de pensar en ellas, ya sea llamar a nuestra pareja, sacar a los perros, elegir estudiar filosofía en la universidad o emigrar a otro país.

PENSAR ACERTADAMENTE CONDUCE A DECISIONES ACERTADAS

La mayoría vivimos y trabajamos en entornos que no son propicios para pensar realmente, y es lógico razonar que si la calidad de nuestro pensamiento es pobre, las decisiones que tomemos y las acciones que emprendamos con mucha probabilidad lo serán también. Los resultados de nuestras acciones serán por lo tanto menos que óptimos.

Sería entonces de gran ayuda crear un entorno apropiado para pensar para nosotros mismos, nuestros compañeros y amigos: llamémoslo un «entorno para pensar». Esta idea se me ocurrió por primera vez cuando leí un libro revelador de Nancy Kline.

Una buena idea...

Elige algún asunto que sea muy importante para tus hijos e invítalos a pensar en ello y a que compartan sus pensamientos contigo. Promételes que no les darás ningún consejo y que te limitarás a actuar como catalizador para ayudarles a que sus pensamientos y la decisión subsiguiente sean lo mejor posible. (Si nunca has hecho nada parecido con ellos puede que en principio se muestren un poco reticentes y no te crean, pero no les permitas que se escabullan). El interés que demuestras les servirá de ayuda y serán ellos mismos los auténticos responsables de la decisión que adopten.

En algún momento dado todos hemos analizado metódicamente alguna decisión para llegar a la conclusión de lo que debíamos hacer según la lógica. Sin embargo, a veces la lógica nos dice «Haz A» mientras que algo en nuestro interior nos dice «No, eso no es lo acertado»; se trata de nuestra intuición que nos indica que hagamos las cosas de otra manera, pero, como no podemos analizarlo, elegimos la opción «A» y poco después nos damos cuenta de que la mejor elección hubiera sido la opción «B». Por ello, cuando hablo de pensar no me refiero solamente al pensamiento analítico, si no también al pensamiento intuitivo.

Aunque la mayoría somos capaces de sentarnos a pensar por nosotros mismos, no hay duda de que, como ocurre con muchas otras cosas, una pequeña ayuda por parte de nuestros amigos resulta inestimable. Esto se debe a que, además de pensar en silencio, también necesitamos articular nuestras ideas para asegurarnos de que nuestros pensamientos son correctos, están definidos y no son «borrosos». Por lo tanto, el primer componente de un entorno de pensamiento es saber que alguien nos está escuchando: necesitamos saber que contamos con toda la atención de otra persona, en otras palabras, que alguien está completamente concentrado en lo que decimos, con los ojos clavados en nosotros y con una actitud que indica: «Estoy fascinado escuchándote hasta que tomes una decisión».

Cuando intentas ayudar a alguien a pensar, es esencial que le prestes toda tu atención porque si empiezas a hacer cualquier otra cosa, como ponerte a ordenar la habitación, aunque digas «Sigue hablando que te escucho» el proceso de pensamiento de la otra persona se interrumpe. Entonces empezará a creer que lo que te está diciendo no te resulta interesante y que te estás aburriendo, y lo más probable es que su mente se cierre.

Otra forma de ayudar a alguien a alcanzar todo su potencial es mostrarle que le valoras. Consulta la idea 4, *La fuerza del cariño*.

Otra idea más...

Por lo tanto, para ayudar a alguien a pensar sobre qué decisión tomar o qué acción emprender, elige una habitación tranquila donde poder sentaros cómodamente y préstale toda tu atención durante todo el tiempo que necesite para llegar a donde quiere ir. Más adelante, cuando tú tengas que tomar una decisión importante, pídele a esa persona que haga lo mismo por ti. Recuerda que las decisiones que tomes y las subsecuentes acciones que emprendas serán tan buenas como los pensamientos que las preceden.

«Cuando hablen los demás, escúchales con atención. La mayor parte de la gente nunca escucha».
ERNEST HEMINGWAY

La frase

¿Cuál es tu duda?

P   **Intenté hacerlo con mi hijo de veinte años que, en mi opinión, está a punto de cometer un gran error con la elección del sitio donde se quiere ir a vivir. Le aseguré que no le daría consejos y que sólo quería ayudarle a asegurarse de que había meditado la decisión suficientemente. Resultó muy difícil, pero mantuve la fe y le escuche mientras expresaba sus pensamientos. Salió bien, pero omitió algunos aspectos importantes que debería haber tomado en consideración. Tendré que recordárselos, ¿no crees?**

R   *Lo has hecho muy bien hasta ahora y puede que hayas abierto su mente a otras formas de pensar y que ahora sea consciente de esas consideraciones por sí solo. Pasada una semana puedes preguntarle si le resultó positivo que le escucharas. Si la respuesta es afirmativa puedes proponerle compartir con él cierta información que crees que obvió. Después de facilitársela puedes preguntarle si desea pensárselo de nuevo en algún momento.*

P   **Mi pareja tiene un problema en el trabajo y yo le animé a que lo analizara, pero se puso muy sensible y esta situación me resultó difícil. ¿Qué debería haber hecho?**

R   *¡Es perfecto! Simplemente sigue escuchándole. La mente necesita expresar sus emociones para poder pensar correctamente. Si sigues escuchando a tu pareja él será capaz de sobreponerse a sus pesares y gradualmente empezará a pensar con claridad de nuevo. Aprende a sentirte cómodo con alguien que se siente desgraciado; él será capaz de superarlo sin lugar a dudas. Pero limítate a escuchar, no empieces a dirigir la situación: ¡no eres un consejero cualificado!*

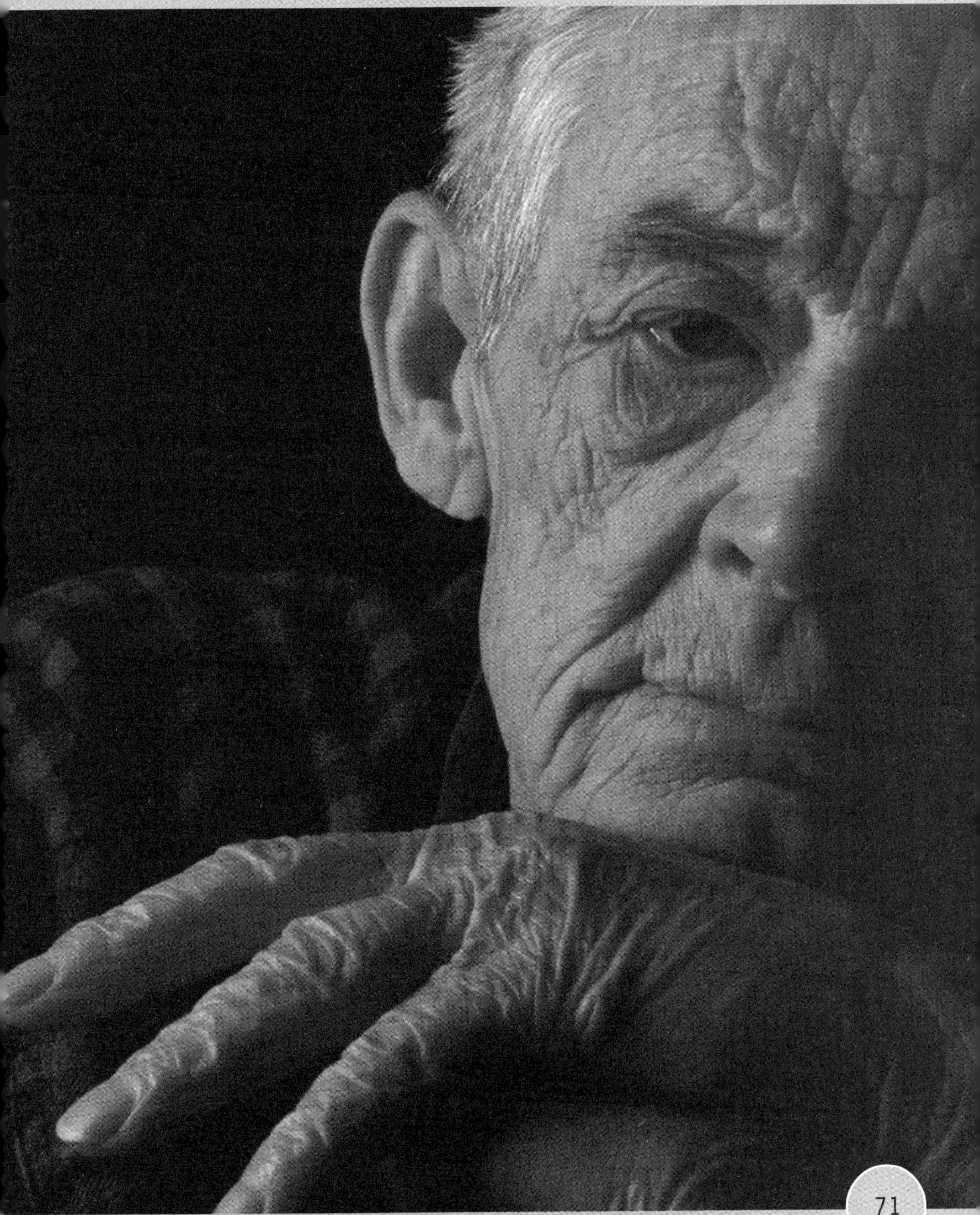

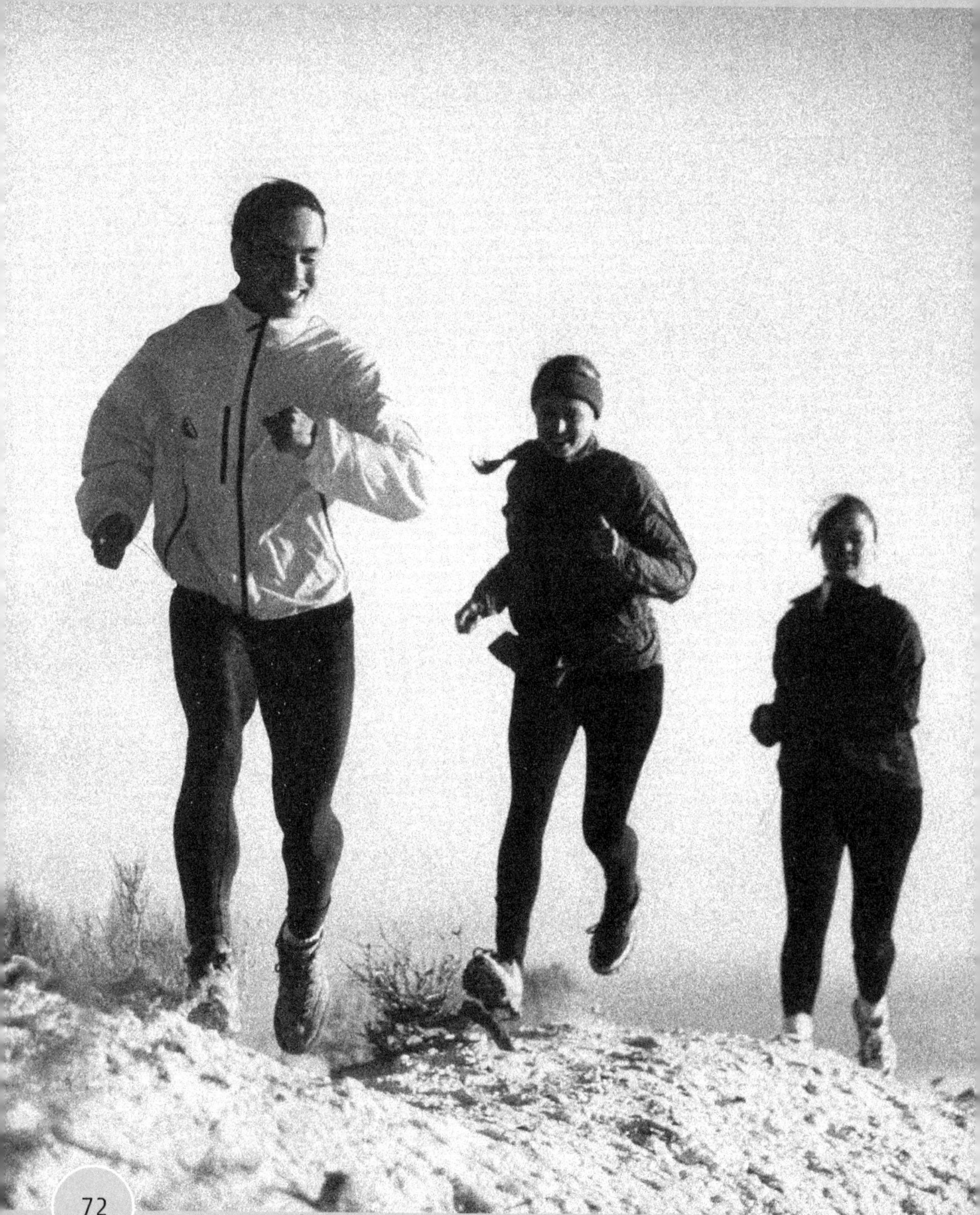

17

Motívate, motívales

La motivación para cambiar tiene que provenir de nuestro propio interior. Los demás pueden, por supuesto, animarnos de diferentes maneras, pero en último término la motivación no es una energía externa.

Si aceptamos que no podemos controlar lo que nos rodea, es razonable pensar que tampoco podemos obligar a los demás a hacer algo.

EL PODER DE ALENTAR

¿De dónde proviene la motivación: de dentro o de fuera? Creo que la motivación proviene del interior y por tanto sólo podemos motivarnos a nosotros mismos. Sin embargo, siempre he pensado que si ponemos cada cosa en su sitio y nos comportamos de forma que mostremos ánimo, apoyo y aprecio, es posible crear unas circunstancias idóneas para que los demás se sientan motivados a actuar de determinada manera.

Piensa en cómo nos comportamos con los niños pequeños. Imagina que te encuentras en una habitación con unos cuantos amigos y que hay un niño pequeño que empieza a dar sus primeros pasos mientras todos le observan. ¿Qué crees que ocurrirá? Sin duda todos aplaudirán, felicitarán y abrazarán al pequeño; así, es lógico pensar que éste querrá seguir haciéndolo porque provocará la misma reacción y así sucesivamente. Pero cuando los niños crecen un poco más, más o menos cuando alcanzan la edad escolar,

Una buena idea...

Piensa en los sistemas de reconocimiento que utilizas en casa y en el trabajo. Elige un aspecto del comportamiento de tus hijos que desees fomentar y realiza un esfuerzo consciente por observarlo y alabarlo, pero para ello no te limites a obsequiarles con regalos tangibles, sino que dedica un tiempo a mostrarles realmente lo que sientes. Esto mismo es aplicable al trabajo: no te limites a reconocer los logros mediante los sistemas formales; asegúrate de agradecerles a los demás sus esfuerzos y de apreciar su compromiso.

tendemos a centrarnos en resaltar los comportamientos que no queremos ver, en lugar de reconocer, apreciar y apoyar los que sí queremos ver. Por ejemplo, esperamos que los niños se porten bien y nos fijamos cuando lo hacen, pero nos fijamos mucho más cuando se comportan mal. Con frecuencia los niños descubren que atraen mucho más la atención cuando muestran un comportamiento menos aceptable, así que ¿adivinas qué?, ¡se portan peor!

HAZLO EN EL TRABAJO TAMBIÉN

A todos nos gusta sentir la satisfacción de haberlo conseguido. No conozco a nadie que no le guste decir: «Sí, lo he hecho yo», ya se trate de una labor de bordado, de meter la bola de un solo golpe o de un triunfo en el trabajo. ¿Cuánto tarda en correrse la voz en el trabajo de que alguien ha cometido un error? Seguramente no mucho. Lo miembros de un grupo de trabajo que no funciona bien no tardan en hacer públicos los errores porque buscan así desasociarse del resto. Además, señalar el problema también implica la rápida transmisión de opiniones y sugerencias. Compara esta circunstancia con el tiempo que se tarda en que la gente reciba el reconocimiento de sus éxitos y aciertos.

No existe un sistema para asegurarse de que los logros de una persona se den a conocer públicamente. Sin embargo, una de las mayores motivaciones para una persona es el mero reconocimiento de que la empresa valora lo que hace y de que realmente cuenta a nivel individual. Un

La idea 12, ¿Cómo va tu motivación?, analiza otro aspecto de la motivación en el trabajo.

Otra idea más...

simple «Gracias» sirve para reconocer los logros de una persona y repetir esta expresión de gratitud frente a los demás compañeros resulta altamente motivador y conlleva una serie de ventajas adicionales.

Por lo general, a las personas les gusta asumir responsabilidades; prefieren alcanzar objetivos antes que limitarse a realizar tareas. Desean desarrollarse y asumir más responsabilidades y es más probable que así sea si sienten que sus logros serán reconocidos y valorados.

«Nadie puede ser un gran líder a menos que se alegre sinceramente de los éxitos de los que están por debajo de él».
REVERENDO W. A. NANCE

La frase

¿Cuál es tu duda?

P **Me siento avergonzado de reconocer que me he centrado en exceso en los aspectos negativos del comportamiento de mis hijos. ¿Cómo puedo cambiar mi actitud sin dejar de reprimir el comportamiento inadecuado?**

R *Si no captamos la suficiente atención con las cosas que hacemos bien, entonces empezaremos a hacer las cosas por las que sí llamamos la atención, aunque sean «travesuras» y a cambio recibamos una reprimenda, que al fin y al cabo es mejor que nada. Por lo tanto, si aumentamos el grado de reconocimiento del comportamiento que deseamos alentar y destacamos en menor medida lo que no queremos, podremos empezar a apreciar un cambio. Lleva su tiempo, pero sigue intentándolo y te sorprenderás gratamente.*

P **Los miembros de mi equipo trabajamos separados físicamente por lo que no estoy en contacto permanente con ellos y no puedo valorar su trabajo diario; en realidad sólo veo el resultado final de su trabajo, que puede ser bueno o malo. Obviamente, tengo que decírselo cuando sus informes no son correctos y esto a veces produce un auténtico malestar. ¿Cómo puedo mantenerlos motivados alabando su trabajo sin llegar a ser falso cuando en realidad no sé qué están haciendo?**

R *Si reciben noticias tuyas en raras ocasiones, aparte de cuando les comunicas lo que han hecho mal, no es sorprendente que se sientan molestos ya que seguramente habrán trabajado mucho para realizar los informes. Puedes demostrarles que los valoras llamándolos por teléfono de forma regular para preguntarles cómo van las cosas y en qué puedes ayudarles y para agradecerles su constante dedicación aunque estén lejos. Si lo haces así, ellos empezarán a transmitirte las dudas y preocupaciones que les surjan a su debido tiempo, lo que conducirá a un incremento del trabajo bien hecho.*

18

Libera tu mente

Mucha gente cree que existen barreras que limitan su capacidad para alcanzar el éxito o su máximo potencial. Es necesario eliminar estas barreras para poder pensar de forma diferente y más clara.

Las limitaciones preconcebidas nos impiden alcanzar el éxito. Se trata de creencias que tenemos sobre nosotros mismos, sobre los demás y nuestra situación que limitan nuestro pensamiento y por tanto inhiben nuestro rendimiento.

LIBERA TU MENTE PARA PENSAR

Como consecuencia del abandono por parte de mi madre cuando yo sólo tenía unos meses y mi posterior ingreso en el internado cuando tenía siete años, desarrollé la creencia de que no valía para nada, que no era lo suficientemente buena. Si alguien me hubiese ayudado a eliminar esa barrera, podría haber ampliado mis horizontes y haber pensado de cientos de formas diferentes. Uno de los mejores métodos para ayudar a alguien a superar sus presunciones limitadoras es realizar preguntas incisivas. En mi caso, una pregunta realmente útil podría haber sido: «Si supieras que eres suficientemente buena, ¿qué harías ahora mismo?». Se me hubieran venido a la mente muchas

Una
buena
idea...

Piensa en algo que te esté preocupando e intenta comprender qué te evita resolverlo. Ahora, formula la pregunta incisiva que romperá la barrera y te permitirá pensar libremente. Para lograrlo, utiliza primero las palabras «Si supieras que...! y después convierte la barrera en algo positivo y ponla en presente. Por ejemplo: «Si supieras que puedes crear la relación perfecta con tu pareja, qué cambiarías en tu forma de comportarte?». Hazte el mismo tipo de pregunta respecto a alguien a quien estés intentando ayudar en casa o en el trabajo.

posibilidades. Si hubiera sabido que era todo lo buena que era necesario podría haberme dedicado a una profesión que sé que hubiera hecho bien: oradora pública. Si hubiera sabido que de verdad era lo suficientemente buena hubiera iniciado el proceso de formar mi propia empresa y de adquirir la propiedad en la que me hubiera gustado vivir con mis hijos, y así sucesivamente. Observa que no es necesario cambiar mis creencias, pero esta pregunta me permite pensar de forma diferente al saltar la barrera invisible que había en mi mente.

La utilización de una pregunta incisiva puede constituir una herramienta muy potente para ayudarte a ti mismo o a los demás a afrontar nuevos retos y eliminar los problemas que creéis que os impiden avanzar.

El siguiente ejemplo muestra cómo una sola pregunta incisiva abrió todo un mundo de posibilidades a uno de mis clientes, un ejecutivo. Me invitó a salir a cenar para decidir si quería que yo fuera su preparadora personal. Su mayor preocupación en lo referente al departamento que dirigía en una gran empresa era que le resultaba difícil contratar y conservar a los mejores profesionales. Éste era para él el principal problema para mejorar el rendimiento de su departamento. Le pregunté: «Dime, si supieras que puedes convertir esta empresa en un lugar preferente para los empleados, una empresa que no sólo triunfe, si no que además tenga tal fama que la gente se muera de ganas de trabajar pata ti, ¿qué harías de forma diferente a como lo haces ahora?». Después de una pausa de diez segundos, me dijo: «Penny, realmente no lo sé». Sonreí y le animé a seguir pensando en ello: «Te entiendo perfectamente, pero si lo supieras ¿qué harías?».

La idea 49, *¡Todos contamos!*, también puede servir de ayuda a alguien que limite su pensamiento; para comprender mejor cómo funciona el cerebro, consulta la idea 44, *¡Tengo que convencerles!*

Otra idea más...

Y PIENSA QUÉ HARÁS

El ejecutivo dijo que si supiera qué hacer, empezaría por compartir su idea con cada una de las 300 personas de su departamento, de forma individual y en grupos. Después de unos veinte minutos hablando, de repente se quedó callado un momento y después dijo: «¿De dónde demonios he sacado todo eso?». Lo que ocurrió es que esta persona había estado pensando durante tanto tiempo lo que había que hacer que había asumido que no sabía qué camino tomar y su cerebro estaba tan repleto de rutas alternativas que parecía que no había forma de que pensara con claridad. Todo lo que hice fue eliminar esa presunción al preguntarle qué haría si supiera qué acción debía emprender. Por lo tanto, las preguntas incisivas son una excelente manera de eliminar barreras o presunciones limitadoras para poder pensar con mayor libertad.

«En este mundo hay bellezas indiscutibles y la mente humana es, sin duda, una de ellas. Las preguntas incisivas para liberar son otra».
NANCY KLINE, preparadora para el desarrollo personal

La frase

¿Cuál
es tu
duda?

P   Creía que lo que me retenía era el hecho de que tenía que conservar un trabajo que odiaba para que mi familia y yo pudiéramos
mantener el nivel de vida al que nos habíamos acostumbrado, así
que me pregunté a mí mismo: «Si supiera que tengo todo lo que
necesito para encontrar un empleo que me encante y mantener mi
nivel de vida, ¿qué haría?». Y tienes razón, las ideas empezaron a
fluir, pero no puedo esperar que mi familia adopte la misma
actitud, ¿no es así?

R   *Quizá debas sentarte a charlar con ellos para explicarles cómo te sientes y las
opciones que estás considerando. Puede que sus preocupaciones no sean
más que una serie de presunciones limitadoras. Prueba a utilizar preguntas
incisivas para ayudarles a eliminar estas barreras de forma que puedan
pensar con mayor libertad acerca de las nuevas posibilidades.*

P   ¿Puedo utilizar esta idea con mi hijo al que no le va demasiado
bien en el colegio y ha empezado a pensar que es estúpido?

R   *Sin duda alguna. Intenta ayudarle a pensar qué haría si supiera que es inteligente; la pregunta incisiva podría ser: «Si supieras que en realidad eres
extremadamente inteligente, ¿de qué otra forma afrontarías tus tareas?».*

19

El poder del pensamiento

Pensar más allá de los límites que nosotros mismos nos hemos impuesto resulta interesante y liberador. Sobre todo, nos ofrece la posibilidad de efectuar un cambio auténtico en nuestras vidas y en las de los demás.

La mayor mejora en nuestra capacidad para pensar de forma creativa por nosotros mismos no proviene del ánimo o consejo de nuestros amigos, si no de sus preguntas cuidadosamente elegidas.

EL SILENCIO ES ORO

El hecho de que alguien nos escuche nos ayuda en gran medida a pensar lo mejor posible. He podido comprobar que aunque dedique mucho tiempo a pensar en un determinado asunto o idea, hasta que no comparto mis pensamientos con otra persona que me preste su tiempo y toda su atención, no consigo desarrollar estas ideas y ampliarlas de forma mucho más interesante.

La mayoría de las ideas que se recogen en este libro implican saber escuchar y por lo tanto no es de extrañar que considere éste el principal elemento de la comunicación para ayudar a los demás a alcanzar todo su potencial. Si además dedicamos algo de tiempo a combinar dicho elemento con preguntas bien enfocadas, el resultado es

Una buena idea... Elige a alguien de tu entorno que sepas que lleva tiempo intentando tomar una decisión sobre algún asunto, pero está estancado y no consigue avanzar. Proponle que se siente a pensarlo de nuevo, pero esta vez contigo como guía para realizarle algunas preguntas que le ayuden a pensar. Explícale que no le darás consejos, elige algún sitio cómodo donde no os interrumpan y prueba a ver qué pasa.

sumamente interesante. De esta forma podemos empezar a asentar las bases necesarias para ayudar a los demás a descubrir algunas de las creencias que les impiden alcanzar sus objetivos y sueños.

MENOS ES MÁS

Las preguntas que ayudan de verdad a alguien a abrirse son muy simples; a veces la gente me dice que es demasiado sencillo y que quieren añadir algo más, pero en este asunto es esencial mantener la simplicidad porque el objetivo no es conseguir lo que *tú* quieres: el pensador es el que tiene el poder y depende de él llegar hasta donde su mente le quiera llevar.

En primer lugar, pregúntale en qué le gustaría pensar y después escucha. El hecho de escuchar es una herramienta tremendamente útil, así que no pienses que no estás haciendo nada. Normalmente esta pregunta es suficiente para provocar todo tipo de progresos, pero aún así cuando empiece a ralentizarse el proceso, pregúntale si piensa o siente algo más al respecto y sigue haciéndole esta pregunta hasta que creas que no hay nada más en el tintero. Después pregúntale qué le gustaría conseguir a raíz de esta sesión de pensamientos.

Una vez que esté muy claro cuál es el objetivo en sus propias palabras utilízalas para completar la frase «¿Qué asumes que te impide conseguir...?» y después escucha. Si se queda en blanco en algún momento, hazle la pregunta de nuevo hasta que realmente no tenga nada más que decir. Seguramente obtengáis una lista de presunciones, que variarán desde «No soy lo suficientemente bueno» hasta «Me despedirán» o «No aprobaré los exámenes». Después pregúntale cuál cree que es la presunción más importante para él. De aquí podemos aprender una gran lección, que yo he podido comprobar en muchas ocasiones: a nosotros sólo nos interesa su principal presunción pero ¡puede ser que no sea la que tú pensabas!

Ahora que ya sabe cuál es el muro que le impedía pensar, tú tienes la llave que le ayudará a abrir la puerta: la pregunta incisiva. Puede que todo esto te suene un poco raro, pero es una de las herramientas más útiles para ayudar a pensar si te ciñes a las reglas básicas: realiza sólo unas preguntas determinadas y escucha con toda tu atención sin influir en el proceso de pensamiento de la otra persona.

Para saber más sobre presunciones consulta la idea 18, *Libera tu mente*.

Otra idea más...

En la idea 35, *¡Supérate!*, encontrarás más información sobre cómo realizar preguntas incisivas.

...y otra

«*Consejo es lo que pedimos cuando ya sabemos la respuesta pero desearíamos no saberla*».
ERICA JONG

La frase

83

¿Cuál es tu duda?

P   **Decidí probar esta táctica con una amiga que llevaba años deseando cambiar de empleo. Habíamos hablado del asunto en varias ocasiones y siempre me pedía mi opinión; yo le decía lo que pensaba pero ella no hacía nada al respecto, así que le sugerí probar esta idea con ella. En cuanto le pregunté qué idea preconcebida tenía que le impedía buscar un trabajo que realmente le gustara, empezaron a surgirle todo tipo de ideas y actualmente sigue su plan con entusiasmo. ¿Qué hice mal?**

R   *¿Qué te hace pensar que hiciste algo mal? Recuerda: este proceso no te concierne a ti. El objetivo es la persona que realiza el proceso de pensar y si ésta decide hacer una pausa o detener el proceso en algún momento, es absolutamente correcto. A mí me parece que hiciste un excelente trabajo: bien hecho.*

P   **Una de las personas de mi equipo acudió a ml despacho porque no estaban seguros de qué debían hacer a continuación para proseguir con un proyecto difícil. Por lo general, les hubiera aconsejado en función de mi experiencia, pero en esta ocasión decidí utilizar esta técnica. Me sorprendí al descubrir que la ansiedad que les producía pensar en las consecuencias de equivocarse les había impedido probar nuevas ideas hasta ese momento. Fue una gran lección para mí ya que ellos acabaron proponiendo una gran idea. ¿Cómo podía estar tan ciego a este respecto?**

R   *Ellos también estaban igual de ciegos que tú en este aspecto. Sus presunciones limitaban su proceso de pensamiento y por lo tanto sus ideas no eran las mejores posibles. Esto con el tiempo hubiera afectado negativamente a la confianza en sí mismos aún más. Es sorprendente lo que ocurre cuando realmente escuchamos.*

20

Dirige tu vida: ¡actúa!

Tenemos la opción de elegir cómo queremos vivir nuestras vidas. Así por ejemplo, podemos preferir dedicar nuestra vida al trabajo o, por otro lado, podemos concederle mayor prioridad a la familia y al tiempo libre. Sea cual sea nuestra elección, ¿cómo podemos equilibrar la balanza?

Aquí puedes encontrar la forma de determinar si la balanza está inclinada cómo tú quieres o si es necesario que realices algunos cambios.

ANALIZA LA SITUACIÓN ACTUAL

La semana tiene unas 168 horas y seguramente pasas 56 de ellas en la cama, de forma que te quedan unas 112 horas para vivir. Dibuja una tabla con tres columnas y tres filas, de forma que haya nueve cuadros. En cada casilla anota una actividad o área de tu vida a la que dediques tiempo en la actualidad, como por ejemplo Amigos, Relaciones sociales, Familia, Tiempo para mí mismo, Trabajo, Espiritualidad, Visión, Crecimiento personal, Salud, Aficiones, Ocio, Creatividad, etcétera. Añade más cuadros si es necesario e incluye algunos aspectos que te gustaría cultivar, como Forma física o Viajes.

Después anota el número de horas que dedicas a cada una de estas actividades durante una semana normal. Convierte estas cifras en porcentajes de 112 y anótalos en sus casillas correspondientes.

Una buena idea...

Crea un plan de acción. Hablamos con demasiada frecuencia de que deseamos dedicar más tiempo a ponernos en buena forma física, visitar a los amigos o adquirir una nueva afición, pero pasan los años y nunca lo hacemos. Anota en el encabezado de las columnas los aspectos que realmente quieres trabajar y después dibuja dos filas para anotar cómo pretendes realizar el cambio y cuándo quieres conseguirlo. Incluye también una casilla «Completado». La clave está en dividir el camino hacia el éxito en pasos pequeños, realistas y factibles.

Éste es el punto de partida. Ahora puedes pedirle a tu pareja o a un compañero de trabajo que le eche un vistazo a lo que has escrito para asegurarte de que no has sido indulgente con algún pensamiento sobre un deseo. Si los porcentajes coinciden con lo que deseas, enhorabuena: no es necesario que sigas desarrollando el resto de la idea.

Una persona con la que realicé este ejercicio decidió que pasaba demasiado tiempo viendo la televisión y demasiadas horas trabajando y como resultado el aspecto de su vida que más sufría las consecuencias era la casilla que marcó como Esposa y familia. En consecuencia, decidió restringir el tiempo que dedicaba a ver la televisión de lunes a jueves; también se comprometió a decirle a su jefe que sólo trabajaría hasta tarde tres días en semana y que los miércoles y viernes saldría a las cinco. Decidió pedirle apoyo a su equipo de trabajo y sentarse con ellos a analizar el equilibrio vida-trabajo de cada uno de ellos y les preguntó en qué podía ayudarles para que consiguieran el equilibrio que deseaban. Se propuso salir con su mujer a cenar una vez al mes y decidió que les diría a sus dos hijos que cada los fines de semana les dedicaría medio día libre para hacer lo que ellos quisieran, siempre y cuando no costara más de un par de DVD. Se comprometió de tal manera a cumplir su propósito que este ejercicio funcionó a la perfección para él mismo y para su familia.

Asegúrate de que crees que puedes conseguir tu equilibrio vida-trabajo. Prueba la idea 15, *Lluvia de ideas*.

Otra idea más...

PLANIFICA LA SITUACIÓN FUTURA

Analiza tu tabla y decide en qué áreas deseas realizar algunos ajustes. Recuerda que deberás contrarrestar las áreas para las que quieras aumentar el porcentaje. Decídete a iniciar todas las actividades que hayas añadido y que actualmente no realices. Traduce los porcentajes en horas y analiza si tu plan es factible.

«Estamos tan dedicados a hacer cosas para conseguir propósitos de valor externo que olvidamos que el valor interno, el encanto asociado a estar vivo, es lo realmente importante».
JOSEPH CAMPBELL, experto estadounidense en mitología y religión comparada

La frase

¿Cuál es tu duda?

P Me gustaría mucho pasar más tiempo con mi hija, que vive a media hora de viaje. A ella le viene bien a mediodía porque trabaja por las tardes y muchos fines de semana, pero ¿cómo me las puedo apañar si yo trabajo durante todo el día?

R *Puedes empezar por explicarle la situación a tu jefe para ver si existe la posibilidad de flexibilizar tu trabajo para que puedas disponer de más tiempo libre a la hora de comer o quizá tener una o dos tardes libres al mes. Además, también podría tu hija visitarte algunas veces.*

P Quiero tener mejor forma física para poder jugar con mis nietos y divertirme con ellos. He intentado ir al gimnasio pero no me ha ido bien: empiezo con muy buenas intenciones pero después no encuentro el momento para ir. ¿Qué me sugieres?

R *Normalmente es más fácil buscar tiempo para hacer las cosas que realmente nos gustan. Quizá tu dificultad para encontrar el momento de practicar deporte tenga más que ver con lo que te atrae, o te deja de atraer, ir al gimnasio. ¿Has pensado en otras formas de practicar deporte que encajen mejor en tu estilo de vida? Por ejemplo, puedes realizar a pie o en bicicleta algún trayecto que normalmente hagas en coche, subir las escaleras en lugar de utilizar el ascensor o realizar algún ejercicio físico en casa mientras ves la televisión. Yo acabo de empezar a jugar al golf y me encanta: me siento muy bien al realizar algo de ejercicio.*

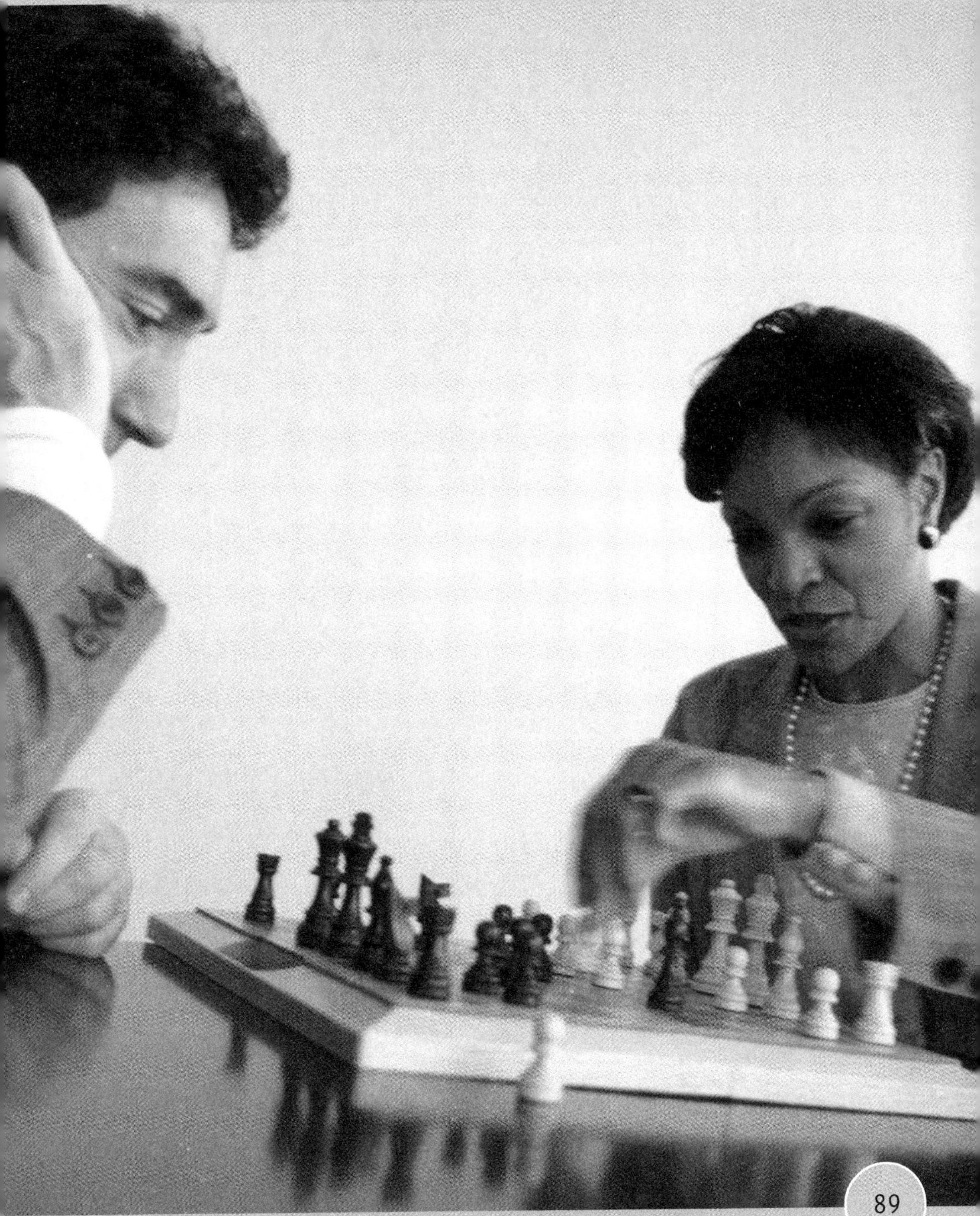

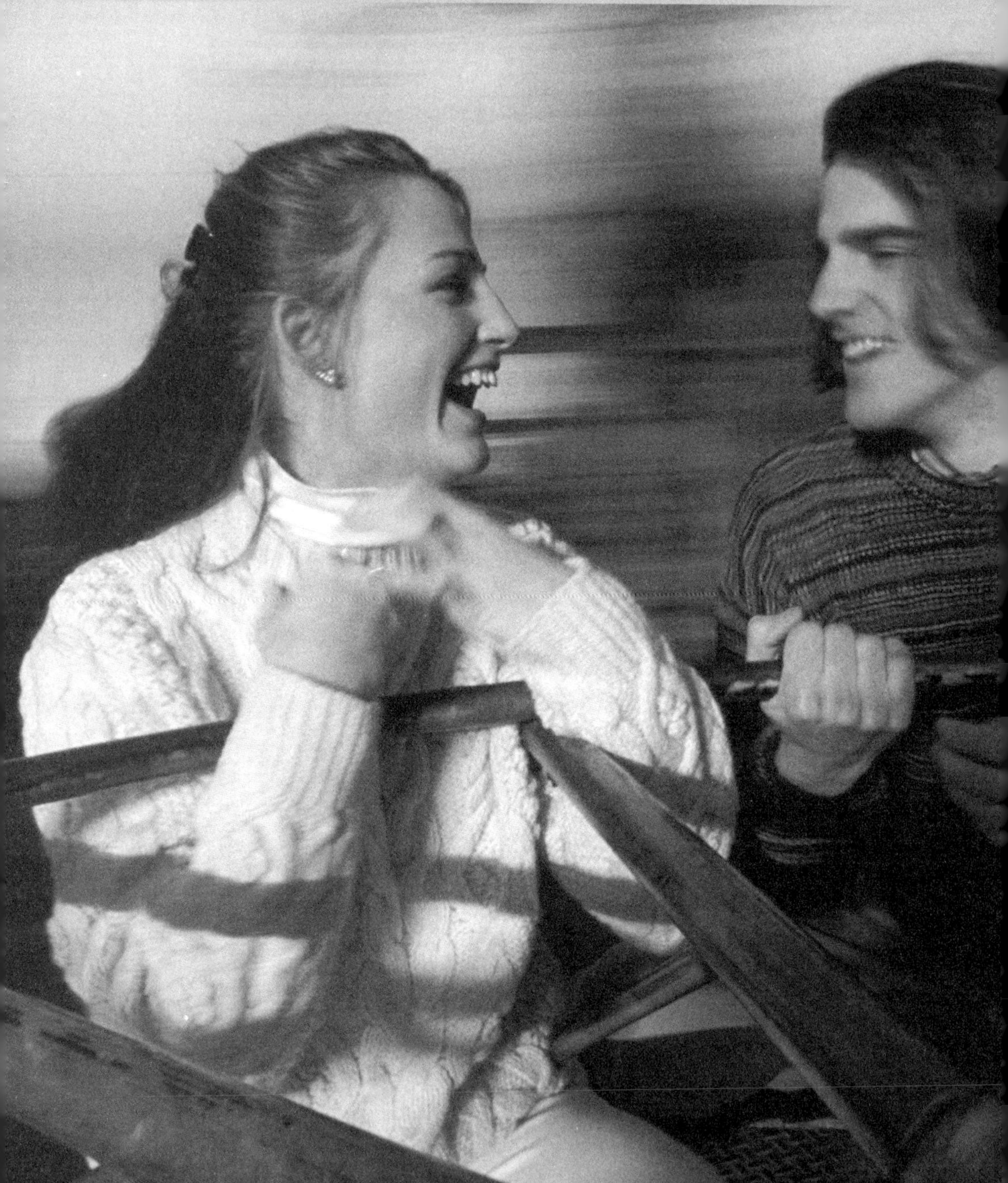

21

Tú decides

**Vivimos las vidas que decidimos vivir y reacciona-
mos ante los demás de la forma que hemos decidido reaccionar. Sin embargo, lo que pensamos de
nosotros mismos puede limitar nuestras posibilidades de elección y hacernos sentir maltratados
o víctimas de las circunstancias.**

Mi madre me abandonó cuando yo tan sólo tenía unos meses y no la volví a ver hasta que tuve dieciocho años. Con siete años me enviaron a un internado.

Mi padre trabajaba mucho, lo que significaba que, salvo el Día de los padres en el verano, él y mi madrastra casi no podían ir a visitarme al colegio. Por desgracia, se perdieron muchas cosas que para mí eran importantes: las obras de teatro en las que yo actuaba, los partidos que jugaba y las exhibiciones acuáticas que capitaneaba. Los padres de mis amigas las visitaban con mucha más frecuencia. ¿Qué creencias sobre mí misma desarrollé en consecuencia? Yo creía que no tenía ningún valor y que no era lo suficientemente buena, ya que parecía ser que incluso mi propia madre estaba mejor sin mí.

Salí del colegio cuando tenía dieciocho años, me enamoré, me comprometí con dieci-nueve años y me casé con veinte con una persona que me sacaba dieciséis años. ¡Mi matrimonio no empezó demasiado bien dado que mi marido invitó a su ex novia a unirse a nosotros durante nuestra luna de miel! A pesar de ello, tuve tres hijos encantadores con

Una buena idea...

¿Sabes quién eres? ¿Estás tan ocupado intentando ser lo que tu jefe, tus hijos o tu pareja desean que seas que has perdido de vista quién eres y lo que esperas de la vida? Hazte esta simple pregunta y anota las primeras respuestas que te vengan a la cabeza. Después pregúntate: ¿Qué espero realmente de la vida? Si supieras que puedes hacer lo que quieras con tu vida, ¿qué harías? Esto puede ayudarte a identificar las cosas que puedes hacer y a reconocer los demás aspectos de tu vida que debes plantearte.

muy poca diferencia de edad entre ellos. Acabé sufriendo tres crisis nerviosas en el plazo de dos años y atravesé un periodo de pérdida de memoria durante el que intenté suicidarme. Además me las apañé para acabar con una tercera parte de la enorme cantidad de dinero que mi padre me regaló cuando me casé. Cuando salí de esta relación no estaba en mi mejor momento.

Aún así, conocí a otra persona relativamente pronto, me casé de nuevo y tuve otros tres hijos. El matrimonio funcionó bien durante un tiempo, pero terminó cuando mi marido tuvo una aventura con mi mejor amiga ¡cuando yo estaba embarazada! Al finalizar la relación tuve que cederle la mitad del dinero que me quedaba a mi marido y los abogados se llevaron un buen pellizco también.

Después pasé seis años sola dedicándome a criar a mis seis hijos y haciendo numerosos trabajos para pagar todas las facturas, pero a pesar de ello, ésta fue una de las etapas más felices de mi vida.

Después, como ya habrás supuesto, conocí a otra persona. Pensé que esta vez era la definitiva y me volví a casar de nuevo, pero me equivoqué otra vez. En muchos aspectos, éste fue el matrimonio más infeliz de todos; después de unos tres años todo empezó a ir mal y, para colmo de males, mi segundo hijo murió con veintiséis años. Este divorcio me costó el resto del dinero que me quedaba.

De esta forma, me encontraba completamente sola, sin dinero y llena de deudas. Había perdido toda la confianza en mí misma y estaba echa un desastre.

La idea 6, *Piensa en positivo*, también trata sobre conocerse a sí mismo.

Otra idea más...

¿CÓMO SE CONVIERTE UNO EN VÍCTIMA?

Es fácil reconocer los patrones que se repiten en esta historia. Desarrollé ciertas creencias sobre la vida y sobre mí misma como consecuencia de la experiencia vivida con mis padres y de la forma en que crecí, tales como que los hombres están al cargo de todo (incluido el dinero), los hombres toman las decisiones importantes y las mujeres les siguen, las mujeres llevan la casa, realizan las tareas del hogar, cuidan de sus hombres y son unas madres estupendas para sus hijos. Esto, unido a mi creencia subyacente de que no era suficientemente buena, produce un resultado predecible. Dedicaba todo mi tiempo a intentar complacer a mis maridos y nunca lo conseguía, nunca era lo suficientemente buena. Y además los culpaba a ellos por no tratarme bien.

Acabé sintiéndome muy desgraciada, pensaba que me trataban injustamente y me sentía una auténtica víctima de las circunstancias. ¿Cómo podía tener tan mala suerte? ¿Por qué siempre elegía hombres con carácter y carismáticos que acababan por pisotearme? Más tarde, gracias a los libros que leí, a los cursos a los que asistí y a las nuevas posibilidades que exploré, conseguí darme cuenta de que si yo era el único denominador común en esta historia debía ser porque era algo que tenía que ver conmigo. Esto fue algo muy difícil de admitir, pero pensemos en ello por un momento. Si yo pensaba que no era suficientemente buena, ¿cómo me comportaría en cualquier relación? Pues como si no fuera suficientemente buena. Tenía que asumir mi parte de responsabilidad y admitir que había educado a mis maridos para que me trataran de esa manera, ¡aunque me quejaba cuando lo hacían! Una vez que fui consciente de esto, lo que más me emocionaba era saber que disponía de todo lo necesario para cambiar mi vida. El cambio no dependía de los demás: todo lo que tenía que hacer para cambiar mi vida era cambiar mi forma de pensar.

«Nadie puede hacerte sentir inferior sin tu autorización».
ELEANOR ROOSEVELT

La frase

¿Cuál
es tu
duda?

P Uno de los grandes problemas de mi vida es la actitud de mi hijo hacia mí, su madre. Al igual que tus ex maridos, espera de mí que sea una buena ama de casa y cree que no tiene que contribuir. ¿Me estás diciendo que yo elegí ser su planchadora, etcétera?

R *Sí, eso es exactamente lo que te digo. Puedes decidir dejar de serlo: así de simple.*

P Esta idea me ha llegado al alma porque siempre he considerado que mi jefe tenía que saber más que yo, pero ahora me doy cuenta de que tengo que cambiar la forma en que mi actual jefe me trata y ser más firme en esta relación. ¿Hay algún otro aspecto que debería tener en cuenta?

R *Bien hecho, pero no olvides que no puedes cambiar el comportamiento de tu jefe: sólo puedes cambiarte a ti mismo. Tu jefe tendrá entonces que pensárselo dos veces.*

22

¿Quién controla tu vida?

Es fácil que acabes viviendo tu vida de la forma en que los demás quieren que la vivas, o lo que es aún más preocupante, puede que ni siquiera sepas que lo estás haciendo.

Fue necesario que alguien dijera: «¿Puede la auténtica Penny Ferguson ponerse en pie, por favor?» para que me diera cuenta de que no sabía quién era y de que, en realidad, no era dueña de mi propia vida.

¿QUIÉN SOY?

Supongo que todo empezó cuando aún era una niña, cuando hacía lo que mis padres me decían. Dado que mis padres eran más mayores que yo y por lo tanto más sabios, asumí automáticamente que ellos sabían mejor lo que había que hacer. Ni siquiera cuando me mostraba rebelde, que era muy a menudo, sentía realmente que era yo misma. Me rebelaba porque no me gustaban las normas que me imponían, no porque estuviera eligiendo quién quería ser realmente. Pasaba gran parte de mi vida intentando ser lo que pensaba que los demás querían que fuera; siempre intentaba satisfacer sus expectativas.

Una buena idea...

Elige un día de la semana que viene para que sea tu día, para hacer lo que te apetezca. Decide no sólo qué vas a hacer, si no también cómo te sentirás y qué aspecto tendrás. Dedica un tiempo a pensar: «Si supiera que soy dueña de mi vida al cien por cien, ¿qué sería o haría diferente ahora mismo?». Puedes hacerlo mientras das un paseo, te das un baño con burbujas o juegas al golf. No escribas las respuestas todavía: simplemente abre tu mente a nuevas posibilidades.

Cuando me casé con mi primer marido, me pasaba el día intentando ser todo lo que pensaba que debía ser una esposa. Además de las tareas normales de lavar, planchar y cocinar, le preparaba el baño, le sacaba del armario la ropa que debía ponerse, le llevaba en coche hasta la estación y le recogía para que no tuviera que aparcar, etcétera. Cuanto más hacía, más esperaba él que hiciera. Pero cuando me junté con tres hijos menores de tres años, ya no tenía tiempo para seguir haciendo todas estas cosas. Él se quejaba y yo me sentía una fracasada. Para empeorar aún más las cosas, estaba fracasando claramente en intentar ser todo lo que se espera de una madre.

Después de dejar a mi segundo marido y tener que criar a seis hijos yo sola, me hice autónoma, empleadora y empleada. No fue hasta el final de mi tercer matrimonio cuando me di cuenta de que no sabía quién era.

EL PUNTO DE INICIO

No podía ni imaginarme lo difícil que resultaría definirme «a mí misma»; había perdido completamente de vista quién era. De hecho, no estoy segura de si alguna vez supe quién quería ser. Cuando me senté a realizar algunos ejercicios (¡incluido escribir mi propia esquela!) pude descubrir en quién quería convertirme e intenté visualizar mi vida futura para descubrir qué quería hacer. De esta forma supe quién y qué quería ser, aunque el cómo aún no estaba claro. Entonces tomé las riendas de estas decisiones y, por primera vez en mi vida, sentí que tenía la oportunidad de elegir vivir mi vida de la forma que quería. Sabía que una vez identificados por primera vez quién era y qué quería hacer, el cómo vendría por sí solo. Analizando el pasado, me di cuenta de todas las cosas que había hecho para complacer a los demás y de todas las oportunidades que había perdido como consecuencia, lo que me llenó de remordimientos. Soy plenamente consciente de que se trata de un sentimiento inútil, pero me costó mucho trabajo librarme de él.

Piensa en cómo te gustaría ser en una relación especial. Prueba la idea 31, *Trabaja tu relación*.

Otra idea más...

Ahora soy la dueña absoluta de mi vida y sean cuales sean las circunstancias reconozco que es aquí donde decido estar, cómo decido sentirme y cómo decido reaccionar. Si las cosas se descontrolan es porque yo decido que así sean. Si formo parte de una relación destructiva es porque yo lo he elegido y si me comporto en contra de mis valores, también es porque así lo he decidido.

«Es más poderoso el que tiene el poder de sí mismo».
SÉNECA

La frase

P **Cuando no estoy trabajando como esposa y madre, me encuentro actuando como chófer sin sueldo, consejera y asesora financiera. Si no tengo ni una hora libre para mí, ¿cómo puedo disfrutar de un día entero libre?**

R *En primer lugar plantéate si esto es cómo y quién quieres ser y reconoce que tú misma has decidido que ésta sea tu vida actual. Si dices que no puedes disponer de un día para ti, es porque tú así lo decides, y eso está bien si te sientes cómoda con esta elección. Pero si no es así, entonces es que no eres dueña de tu propia vida. Siéntate a hablar con tu familia y explícales cómo te sientes y que quieres disfrutar de un día libre.*

P **Lloré mucho cuando leí esta idea. Me di cuenta de que realmente no sé quién soy, sobre todo en el trabajo. Sigo en este empleo únicamente porque es lo que mis padres querían que hiciera y ahora creo que es demasiado tarde para cambiar de trabajo porque no sé hacer otra cosa. ¿Puedo *realmente* cambiar de trabajo?**

R *Has planteado un par de presunciones muy interesantes: que es demasiado tarde para ti y que no sabes hacer otra cosa. Yo empecé a cambiar mi vida cuando tenía cincuenta años, sin un céntimo, sin preparación académica y sin confianza en mí misma. ¿Qué es lo que más te gusta hacer? ¿Qué te hace sentirte más feliz? ¿Cuándo te sientes más vivo? Piensa en estos aspectos primero y, sobre todo, ten en cuenta que el sitio donde te encuentras hoy es en realidad donde tenías que estar. Has aprendido algunas lecciones muy valiosas por el camino, así que ¿cómo puedes aplicarlas? Haz los ejercicios que comentamos anteriormente y pregúntate a ti mismo: «Si supiera con absoluta certeza que puedo hacer esto, ¿qué haría de forma diferente hoy?».*

23

¿Hablamos el mismo idioma?

Pasamos mucho tiempo hablando con los demás con la esperanza de que podamos influir sobre ellos de alguna manera. Sabemos el resultado que buscamos y la acción que nos gustaría que emprendieran. A continuación puedes encontrar un método para maximizar tu capacidad de influir sobre los demás.

Si escuchamos atentamente a los demás y comprendemos sus puntos de vista, podremos expresar nuestras ideas en su mismo lenguaje y de esta forma es más probable que el resultado sea satisfactorio para todos.

APRENDE DE LOS BUENOS EXPERTOS EN VENTAS

Cuando se trata de vender, suele decirse que es necesario tener «un piquito de oro». En mi opinión, los buenos comerciales saben escuchar mucho mejor que hablar y eso es precisamente lo que utilizan. Escuchan atentamente a sus clientes para aprender sobre sus negocios, los aspectos que les preocupan, sus objetivos futuros y las áreas en las que creen que necesitan ayuda. De esta forma, el vendedor puede ofrecer sus servicios al cliente de forma que éste se sienta identificado y lo que es más, el vendedor puede utilizar el mismo lenguaje que el cliente. Así le demuestra que le interesa,

Una buena idea...

Piensa en una idea que estés intentando que tu pareja o tu jefe acepten. Cuando te sientes a hablar con ellos, pídeles primero que te den su parecer al respecto. ¿Qué les parece? ¿Qué resultados esperan? ¿Cuáles consideran que son los aspectos más importantes para alcanzar el objetivo? Escucha atentamente lo que tengan que decir y después expresa lo que tú has entendido porque las palabras pueden significar cosas diferentes para cada uno. ¿No te ha pasado nunca que has estado hablando sinceramente con alguien y después de un buen rato has descubierto que no habías entendido realmente lo que la otra persona quería decir? Después pregúntales si puedes compartir tus pensamientos con ellos; presenta tus ideas utilizando su mismo lenguaje y de la forma más cercana posible al resultado que esperan obtener.

que tiene en cuenta sus necesidades y que está dispuesto a dedicar su tiempo a ayudarle. Si deseamos entablar una relación duradera con otra persona, creo que esto es importante.

Por supuesto, esto también implica que el vendedor es capaz de transmitir las ventajas de sus productos o servicios al cliente de forma que realmente signifiquen algo para él, de forma que es probable que la conversación acabe en una venta y en el inicio de una relación comercial duradera.

¿Puedes imaginarte entablando una relación estrecha con uno de esos vendedores que te llaman por teléfono o que llaman a tu puerta e insisten en hablar contigo durante diez minutos sin parar ni un solo instante y sin dejarte meter baza?

Por otro lado, piensa en cómo te sientes cuando alguien te escucha atentamente y te responde en función de lo que realmente has dicho en lugar de limitarse a decirte lo que le gustaría que ocurriera. Cuando sentimos que la otra persona está realmente interesada en escucharnos, tendemos a reaccionar de forma mucho más receptiva.

ESCUCHA E INFLUYE

Lo mismo es aplicable cuando se trata de discutir una situación con tu pareja, con tus hijos, compañeros o amigos. Si deseas compartir una idea con ellos, primero pídeles que te comuniquen sus propias ideas, determina por qué sus ideas son importantes para ellos y escucha atentamente lo que tengan que decir. Después puedes empezar a compartir tu idea con ellos ya que se mostrarán más receptivos a escuchar porque tú los has escuchado previamente. Además, ahora sabes qué es lo realmente importante para ellos y por tanto podrás presentar tu idea en su mismo lenguaje, resaltando los puntos importantes.

Es aconsejable comprobar si lo que has entendido es lo mismo que ha dicho la otra persona, para asegurarse de que los dos partís del mismo punto. Consulta la idea 28, *Presta atención a los demás.*

Otra idea más...

«La persona que realmente sabe escuchar no sólo es popular en todas partes, sino que además después de cierto tiempo sabe mucho».
WILSON MIZNER, guionista estadounidense

La frase

¿Cuál
es tu
duda?

P   Me gustaría hacerle una buena sugerencia a mi hermana, pero
     ella es muy cabezota y no admite las ideas de los demás. No
     quiero imponerle nada, pero realmente me gustaría que me escu-
     chara y tomara en cuenta lo que tengo que decirle. Sé que si le
     pido que me escuche me responderá que no necesita ningún
     consejo. ¿Qué puedo hacer?

R   *Recuerda que para que los demás escuchen tus ideas primero tienes que
     escuchar tú. Primero pregúntale cómo se siente sobre este aspecto de su vida
     y cómo le gustaría realmente que fueran las cosas y por qué. Después pídele
     que escuche lo que tú piensas. Cuando le expreses tus ideas, asegúrate de
     utilizar su mismo lenguaje y de recalcar las ventajas que puedan ser especial-
     mente importantes para ella. Recuerda que si comprendes realmente sus
     puntos de vista puede que acabes por pensar que tiene razón.*

P   He intentado aplicar esta idea con mi jefe. Quería comunicarle
     una idea que tengo así que primero le pedí que me explicara lo
     que pensaba y después le dije mi idea. Incluso recalqué las venta-
     jas en las que había pensado de antemano, pero el tema no le
     interesó. ¿Qué hice mal?

R   *En primer lugar, aunque el propósito de esta idea es ayudarte a plantear de
     forma satisfactoria tu punto de vista, no garantiza que tu idea será bien
     acogida. Sin embargo, quizá debieras pensar con más detenimiento lo que tu
     jefe piensa sobre el asunto en cuestión. Si pensaste en las ventajas de tu
     idea de antemano, ¿le escuchaste realmente y después las expresaste en su
     mismo lenguaje? A veces, cuando «practicamos» antes después decimos lo
     que hemos ensayado, sin responder en realidad a lo que hemos escuchado.*

24

Cumple tus sueños

Me pasé la mayor parte de mi vida creyendo que hacía con ella lo que quería, pero después me di cuenta de que no era yo misma en absoluto porque nunca me había parado a pensar en profundidad cómo quería que fuera mi vida realmente.

¿Tienes realmente una idea de cómo quieres que sea tu vida o simplemente las cosas te ocurren porque sí? ¿Te sientes alguna vez como si estuvieras dejando pasar la vida? ¿Hay veces en que dices «Ojalá...»?

¿CUÁNTO TE VALORAS A TI MISMO?

He pasado gran parte de mi vida pensando en lo que no quería, involucrándome en determinadas situaciones aún siendo consciente de que no quería formar parte de ellas. Si alguien me preguntaba qué quería, en la segunda frase de mi respuesta le decía lo que *no* quería. Si alguien me sugería que me creara una idea de mi vida yo pensaba: «¡Qué pérdida de tiempo. ¿En qué me va a ayudar eso?».

Cuando cumplí los cincuenta, con seis maravillosos hijos, tres matrimonios de todo menos maravillosos a mis espaldas y habiendo perdido todo el dinero que mi padre me había dejado, me encontré repleta de deudas y sin ninguna confianza en mí misma.

Una buena idea...

Siéntate en un sitio tranquilo durante una hora con lápiz y papel. Imagina los seis mejores meses de tu vida, no seis meses que hayas vivido ni los seis meses siguientes al momento actual, sino seis meses imaginarios. Imagínate a ti mismo con noventa y cinco años contándoles a tus bisnietos esos maravillosos seis meses que viviste: lo que conseguiste, lo feliz que fuiste, el fantástico trabajo que tenías, las estupendas relaciones que mantenías, la preciosa casa en la que vivías, etcétera. Descríbelo todo con todo tipo de detalles. Coloca el papel en algún sitio donde puedas verlo todos los días, léelo todas las mañanas y espera a ver qué ocurre. O mejor todavía, pregúntate a ti mismo: «Si supiera que hay algo que puedo hacer hoy que me acercara a mi ideal de vida, ¿qué sería?». ¡Y después hazlo!

Emocionalmente estaba destrozada e intuía que ésta no era la situación ideal que anhelaba cuando era más joven. Cuando una buena amiga y colega me sugirió que creara una idea de mi vida, nunca pensé que esto podría cambiar mi vida. Para ser completamente honesta, ¡de hecho lo hice para bromear con ella! Cuando terminé de hacer la tarea, me eché a reír de lo que había escrito porque me parecía algo completamente imposible de alcanzar y muy alejado del punto en el que me encontraba en ese momento de mi vida. En los diez años que han pasado desde entonces, he escrito de nuevo mi idea en tres ocasiones porque he conseguido alcanzar los objetivos. ¡Cómo me hubiera gustado conocer a esa amiga muchos años antes!

Piensa en ello desde este punto de vista: ¿no te has comprado nunca un coche nuevo con la sensación de que nadie más tiene un coche como ése, pero en cuanto lo sacas del concesionario y empiezas a conducir parece que todos los demás tienen la misma sensación? De repente te das cuenta de que hay el doble de coches iguales circulando por la carretera. La realidad es que siempre han estado ahí, pero nunca te habías fijado en ellos hasta ahora. Pues lo mismo ocurre cuando te creas una idea de cómo quieres que sea tu vida. De repente empiezan a aparecer oportunidades como por arte de magia; pero en realidad siempre han estado ahí, lo que ocurre es que nunca te habías percatado de ellas.

TUS SUEÑOS ROBADOS

¡Es tan fácil que te roben tus sueños! Y por desgracia quien más te los roba son, después de ti claro, las personas que tienes más cerca. Cuando tenía dieciocho años, el sueño de mi hija menor era convertirse en jockey pero cuando se fue a vivir con su padre éste la persuadió de que no era un futuro viable. La quería tanto que deseaba lo mejor para ella y pensó que ser jockey era un trabajo muy duro con el que no ganaría dinero y tendría que ser la mejor en su profesión para llegar a ser algo. Además pensó que no le vendría bien a su espalda, que estaba resentida como consecuencia de un accidente que tuvo cuando era más joven. Después de convertirse en una excelente directora de ventas, mi hija empezó a trabajar conmigo y comenzó a replanearse su sueño. Trabajó durante horas para prepararse como jockey amateur y quedó segunda en la primera carrera que corrió en su vida ¡y ganó la segunda! Desafortunadamente era demasiado tarde para convertirse en una jockey profesional. En efecto, al quererla tanto como lo hacíamos le robamos su sueño. Cuando yo les decía a mis mejores amigos lo que quería ser, todos intentaban disuadirme: creían que era muy arriesgado y que podría perderlo todo. ¿Les permites a tus seres más queridos que te roben tus sueños o quizá estés tú robando los suyos? Piensa en ello, sueña y hazlo.

> **Otra idea más...**
>
> Piensa en la balanza de tu vida: ¿demasiado trabajo sin tiempo para ti mismo? Prueba la idea 51, *¡Vive el momento!*, o la idea 20, *Dirige tu vida: ¡actúa!*

> **La frase**
>
> «Lo más grande de este mundo no es tanto dónde estamos, si no hacia dónde nos movemos».
> OLIVER WENDELL COLMES

105

¿Cuál es tu duda?

P Esto me parecía algo muy difícil porque estaba acostumbrado a pensar en lo que quería mi familia. Estaba sorprendido de la cantidad de veces que tenía que decirme a mí mismo «¿Qué quieres realmente?». ¿No es egoísta?

R *No creo que lo sea en absoluto. Las cosas que nos apasionan son generalmente cosas en las que somos buenos. ¿No quieres que tus hijos hagan las cosas en las que realmente son buenos y que les apasionan? Seguro que sí, así que, ¿por qué no hacer lo mismo en tu caso?*

P **¿Qué se puede hacer si tu pareja tiene un sueño completamente diferente al tuyo?**

R *Os sugiero que los dos hagáis este ejercicio por separado y después compartáis vuestros sueños. Al fin y al cabo, la diversidad es algo maravilloso. Podéis planificar cómo os apoyaréis el uno al otro para alcanzar estos sueños. Pero es muy importante que no compartas tus sueños con tu pareja hasta que ella haya terminado de elaborar los suyos porque si realmente te quiere, es poco probable que te diga lo que quiere si ello entra en conflicto con tus deseos.*

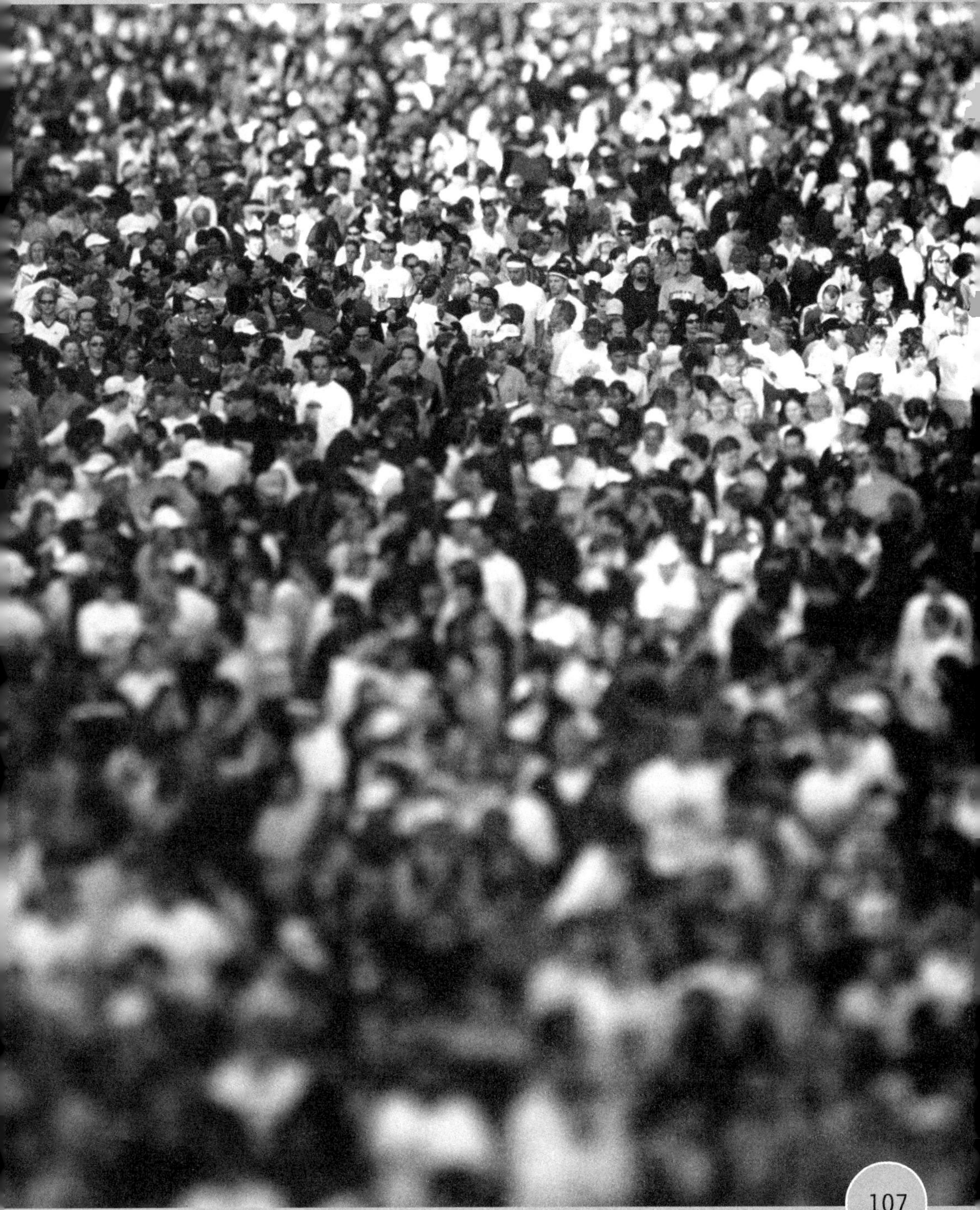

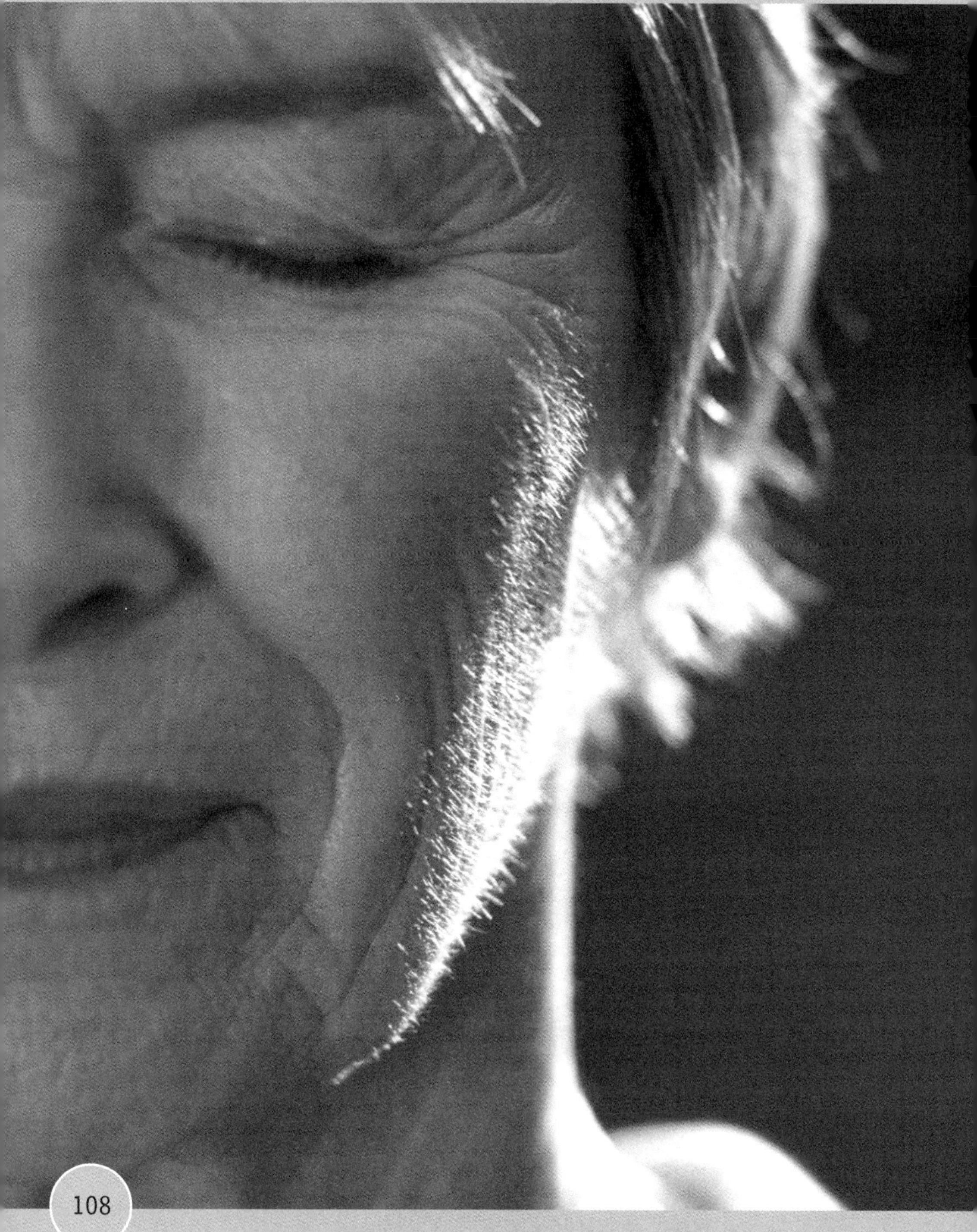

25

Cuando los sentimientos nublan el pensamiento

¿Cuántas veces has dicho o hecho algo mientras estabas enfadado o disgustado que después lamentas profundamente? Seguro que todavía te avergüenzas cuando piensas en esos momentos.

Con frecuencia, cuando echo un vistazo a mi vida pasada y recuerdo algo que le he dicho a uno de mis hijos, desearía no haberlo dicho nunca.

PIEDRAS Y PALOS

«Las piedras y los palos pueden romperte los huesos pero las palabras no pueden hacerte daño».

Este refrán me lo decían con frecuencia cuando estaba creciendo pero yo discrepo completamente con él. Los huesos se curan, pero las palabras quedan en tu corazón y mente de por vida. En mi opinión, lo más triste de todo es que siempre hacemos más daño a las personas que más queremos. ¿Por qué? Porque mantenemos una relación emocional con ellos y porque ellos saben qué tecla tocar para sacarnos de nuestras casillas. Como consecuencia reaccionamos seguramente de la forma menos útil posible porque estamos enfadados o disgustados y por tanto no pensamos con claridad. Pensamos en los extremos (blanco/negro, sí/no, bueno/malo) y tenemos muchas posibilidades

La próxima vez que alguien esté enfadado o disgustado, deja lo que estés haciendo y préstale toda tu atención. Sentaos a hablar en algún lugar donde no os interrumpan y limítate a escuchar, sin asentir, disentir ni discutir. Mírale de frente todo el rato, transmitiéndole fuerza con tu mirada. La única pregunta que puedes hacer es: «¿Hay algo más que sientas o pienses sobre...?». Una vez que se haya calmado y haya sacado todo de dentro, puedes preguntarle qué le gustaría hacer a continuación y después puedes hacer lo que sea adecuado.

de reaccionar de forma sumamente emocional, lo cual seguramente empeora aún más las cosas.

Recuerdo el impacto que tuvo el cambio de comportamiento de una cliente. Era una mujer encantadora, pero con mucho genio y un carácter fuerte y siempre estaba picada con su jefe, lo que suponía que a menudo la pasaban por alto para los grandes proyectos, lo cual estaba produciendo un serio efecto en espiral descendente: no había nuevo proyecto, ella se mostraba furiosa, las relaciones entre ellos empeoraban, no pensaban con claridad. Esto a su vez provocaba que el siguiente proyecto se lo dieran a otra persona, lo cual generaba un mayor enfado, un empeoramiento de las relaciones y así sucesivamente. Su rendimiento en el trabajo empezó a verse seriamente afectado porque su pensamiento estaba constantemente interrumpido por sentimientos negativos. Durante el programa surgió una nueva situación. Ella junto con sus compañeros y su jefe salieron a tomar una copa después del trabajo y el jefe empezó a hablar con ella sobre estos asuntos relacionados con el trabajo delante de todos (un comportamiento absolutamente inadecuado para un jefe, pero esto lo dejaremos por ahora). Todos se quedaron callados, esperando una de sus típicas reacciones que consistían en explotar y decir cosas que después lamentaría. Pero en vez de eso, respiró hondo y cuando él terminó de hablar dijo tranquilamente: «Dime, ¿hay algo más que quieras decir o pienses sobre este asunto?». Todos echaron a reír, pero lo más importante es que ella consiguió dos cosas: le dio a su jefe la oportunidad de expresar toda su ira de forma que liberara su mente para poder así pensar con claridad e hizo lo mismo con ella misma.

HABLA, HABLA Y DESPUÉS PIENSA

Cuando alguien está enfadado o tremendamente disgustado no puede pensar con claridad; antes de poder hacer algo tiene que superarlo, así que lo que debes hacer es simplemente escucharle.

Recuerda que si intentas permitir a los demás pensar bien, lo importante es dar y no recibir. Consulta la idea 1, *Tienes lo que te mereces*.

Otra idea más...

Cualquier persona que se dedica al mundo de las ventas sabe que la primera norma en el caso de las quejas y reclamaciones es siempre «absorber la pena». Esto no significa que siempre que estamos enfadados o disgustados tomamos decisiones equivocadas, pero sí hay muchas posibilidades de que esto ocurra porque reaccionamos de forma emocional. Si alguien está discutiendo contigo no resulta tan fácil limitarse a escuchar, pero intenta recordar alguna ocasión en la que tú hayas estado defendiendo tu postura. ¿Te sirvió de algo? Seguramente no, y además es probable que tu estado emocional se prolongara más de lo necesario. Además, en estas circunstancias es frecuente decir cosas hirientes, lo cual no hace si no empeorar la situación. El truco no consiste en defender tu postura, si no en escuchar y animar a la otra persona a que exprese todo lo que tenga en la cabeza; de esta forma, cuando sea consciente de que realmente la escuchas, podrá empezar a pensar con claridad de nuevo. Incluso aunque te diga algo sumamente injusto para ti, recuerda que en ese momento él lo considera muy justo. Aunque te diga algo realmente injusto, si le permites decirlo en cualquier caso, es muy probable que él mismo así lo reconozca una vez que se haya calmado.

«Si hablas cuando estás enfadado ¡harás el discurso de tu vida del que más te arrepentirás!».
LAURENCE J. PETER, educador y escritor canadiense

La frase

P   ¿Qué pasa cuando la persona con la que el otro está enfadado soy yo? ¿Me dices en serio que me limite a escuchar, incluso aunque lo que me diga sea absolutamente injusto?

R   *Sí. Mi tercer marido siempre me estaba reprendiendo, sacaba las cosas de contexto y tergiversaba mis palabras. Yo siempre acababa llorando y estallaba de rabia. ¡Pero yo nunca ganaba! Cuando perdía el control él estaba en el asiento del conductor y yo acababa por preguntarme si me estaba volviendo lela. Mantén en mente el resultado que deseas conseguir: una tarde agradable, ser felices juntos, lo que sea. Después sigue escuchando hasta que se le haya pasado el enfado; así tendrás la oportunidad de solucionar el problema, sobre todo si consigues persuadir a tu pareja de que te escuche igual que has hecho tú.*

P   Cuando estoy disgustada o enfadada me pongo a llorar y, como trabajo en un entorno dominado por los hombres, esto no me ayuda en absoluto. ¿Cómo puedo solucionarlo?

R   *La mejor forma de solucionar este tipo de situaciones es ponerle nombre al problema. Si te disgustas o enfadas durante una reunión y crees que vas a empezar a llorar, simplemente dilo. ¡Sí, dilo! Diles a los demás que el asunto que estáis tratando te toca la fibra sensible y que puede que te disgustes. Al hacerlo te liberas de la presión que sientes y el temor disminuye. Cuando tengo que hablar delante de mucha gente suelo decirles que estoy nerviosa y de esta forma pierdo el temor que siento y los nervios desaparecen.*

26

Habla, que te escucho

Cuando se trata de ayudar a otra persona a expresar sus ideas y a tomar sus propias decisiones, lo mejor es utilizar el lenguaje de la otra persona, no el tuyo propio. Es impresionante la influencia que puedes ejercer sobre alguien simplemente escuchándole o incluso haciéndole repetir lo que ha dicho.

Es más probable que tengamos en cuenta y nos dejemos influir por las ideas que escuchamos expresadas con nuestras propias palabras: hay más posibilidades de que intentemos ponerlas en práctica.

ESCUCHA SUS PALABRAS

¿No te ha ocurrido nunca que un amigo te ha contado una idea que ha tenido para mejorar su vida y tú piensas «Pero si eso es lo que yo le dije hace meses»? A mí si me ha pasado y me he sentido muy frustrada porque podía haberle ayudado mucho más si hubiera conseguido que me escuchase a su debido tiempo.

Sin embargo, la verdad es que a la mayoría no se nos ocurren las ideas hasta que no estamos preparados para dar un paso adelante, así que aunque los demás nos digan qué debemos hacer, es probable que no tengamos en cuenta sus sugerencias ni nos sintamos motivados

Una buena idea...

Piensa en alguien que te pide consejo sobre, por ejemplo, su vida, su relación sentimental o su trabajo, para ser más feliz; prueba a hacerle una pregunta incisiva como: «Si supieras que tienes una solución para disfrutar de una vida/relación/trabajo más feliz y pleno, ¿qué harías de forma diferente?». Después limítate a escuchar. Si la otra persona no sabe qué más decir, ayúdale preguntándole qué más haría.

por ellas porque no les daremos importancia. Durante mucho tiempo pensé que uno de mis sobrinos debía ir a la universidad y así se lo hacía saber, ¡pero esto fue dos años antes de que él me pidiera los impresos de admisión!

Sin embargo, si animamos a los demás a que analicen sus pensamientos y hablen sobre lo que esperan conseguir, y fomentamos sus ideas y opciones de progreso, hay más posibilidades de que deseen poner en práctica sus planes cuanto antes. Una forma muy útil de avanzar hacia la solución de un problema, la creación de una nueva iniciativa, una salida, etcétera, es resistirse a la tentación de compartir tus ideas; en lugar de ello, ayuda a los demás a explorar sus mentes haciéndoles preguntas incisivas y analíticas.

Después puedes transmitirles apoyo y ánimo utilizando su propio lenguaje de forma que se sientan cómodos con los progresos realizados.

NO NECESITA TRADUCCIÓN

Es increíble el efecto que ejerce sobre nosotros escuchar nuestra propia voz y palabras expresando una idea; nos sentimos mucho más cómodos con lo que oímos que si lo dijera otra persona. Pensar en voz baja es muy útil, pero verbalizar nuestros pensamientos nos ayuda a clarificarlos aún más y así es más probable que iniciemos una acción positiva.

No te ha ocurrido nunca que has pensado en algo que querías decirle a otra persona y cuando has abierto la boca te has sentido frustrado o decepcionado porque lo que has dicho no se corresponde con lo que has pensado o con lo que querías decir? A mí sí me ha pasado y a veces las consecuencias han sido muy negativas. Esto puede ocurrir porque el proceso de pensamiento no se ha completado, ya que esto sólo ocurre cuando te escuchas a ti mismo expresando tus pensamientos en voz alta. Por lo tanto, piensa en lo útil que nos resultaría escuchar todos nuestros pensamientos en voz alta antes de afrontar una situación.

Ofreciendo nuestra ayuda como parte oyente, desempeñamos un papel muy valioso para ayudar a un amigo, compañero, pareja o hijo a aclarar sus ideas. Así podrán centrar-se totalmente en la cuestión y emprender la acción.

La idea 18, *Libera tu mente*, recoge algunas preguntas incisivas que pueden ayudar a los demás a elaborar un plan de acción.

Otra idea más...

«*El requisito indispensable que debe tener un amigo es un oído accesible*».
MAYA ANGELOU

La frase

115

¿Cuál
es tu
duda?

P **Hace mucho tiempo que un amigo mío no es feliz en su relación y me pregunta constantemente mi opinión al respecto, pero nunca ha tenido en cuenta mis consejos así que esta vez decidí hacerle una pregunta incisiva. Pero me respondió que no sabía qué hacer y que por eso me pedía mi opinión. ¿Por qué no salió bien?**

R *A veces, cuando las personas llevan bloqueadas mucho tiempo sin ser capaces de pensar y se han acostumbrado a recibir consejos, sus mentes pierden la práctica de salvar las barreras que les impiden pensar y necesitan una ayuda externa para «reiniciarse». Una pregunta que suele funcionar es: «Pero si lo supieras, ¿qué harías?». Si no es así, simplemente escúchales y déjales que te cuenten cómo se sienten. Si tienes paciencia, seguramente se le empezarán a ocurrir algunas ideas que le servirán de ayuda.*

P **Mi hijo pequeño me dijo el otro día que no era capaz de construir su tren de Lego. Recordé tus palabras y le respondí: «Si supieras que puedes construirlo, ¿qué harías primero?». Me respondió de inmediato que primero dividiría las piezas por formas así que le sugerí que lo hiciera. Al final consiguió montar la mayor parte del tren él solo, con una pequeña ayuda por mi parte. ¿Siempre ocurre esto cuando se aplica esta técnica?**

R *Bueno, sí ocurre a menudo. Muchos padres que acuden a mis sesiones me han contado cosas parecidas y se muestran realmente sorprendidos de la habilidad que tienen sus hijos, mucha más de la que ellos pensaban, quizá porque no les han dado la oportunidad de demostrarla. Has hecho bien. Sigue así y seguro que seguirás sorprendiéndote.*

27

¿Lo estoy haciendo bien?

Si de verdad queremos ser lo mejor posible (en cualquier aspecto o esfuerzo) necesitamos que alguien nos diga, clara y sinceramente, cómo lo estamos haciendo.

Para ser un mejor jefe, compañero, padre o amigo necesitamos preguntarle por nuestros progresos a nuestros subordinados, compañeros o hijos.

¡LO QUE NO QUEREMOS OÍR!

Ser un líder, en el sentido más amplio de la palabra, implica ser consciente, justo en el momento en que influyes en otra persona, de que estás, de hecho, liderando. Si deseas ser un líder sobresaliente es necesario que sepas cómo lo estás haciendo: necesitas información constante por parte de los demás. Pero todos tenemos partes de nosotros de las que no somos conscientes: creencias que nos limitan y talentos ocultos. Tenemos áreas de las que sabemos perfectamente cuáles son nuestros puntos débiles y nuestros puntos fuertes, y hacemos todo lo que podemos por esconder nuestros puntos flacos porque pretendemos ser mejores de lo que en realidad somos. También tenemos áreas sobre las que estamos cegados o simplemente nos hemos hecho una idea equivocada de cómo somos. Por ejemplo, puede que alguien se considere una persona abierta y sensible con la que los demás pueden hablar fácilmente, pero un día alguien le dice que en realidad es una persona muy atemorizante y que los demás sólo le dicen lo que creen que quiere oír.

Pregúntales a tus hijos cómo te ven como padre y en qué les gustaría que cambiases; hazle la misma pregunta a tus compañeros en el trabajo. Cuando uno de mis clientes lo hizo, se sorprendió mucho al descubrir que varias de las cosas que hacía, pensando que eran útiles, en realidad disgustaban a su equipo. Aunque pensaba que con este ejercicio perdería credibilidad, la motivación de su equipo aumentó exponencialmente. Ten en cuenta que si nadie te dice nada les que eres perfecto o es que te tienen miedo!

No siempre es fácil que los demás te digan las cosas clara y sinceramente, sobre todo si se trata de lo que no queremos oír o si es algo que entra en conflicto con nuestra percepción de quiénes somos. Lo más curioso de todo es que en el trabajo son las personas subordinadas a nosotros las que pueden facilitarnos una información más precisa. Si por otro lado quieres saber qué tal padre eres, son tus hijos quienes mejor te pueden decir cómo lo estás haciendo. ¿Les has preguntado alguna vez qué clase de padre eres y qué les gustaría que hicieras de otra manera para que ellos se sintieran más capacitados para ser mejores personas o mejores familiares? Yo les hice esta pregunta a mis hijos cuando empecé esta etapa de mi vida, esperando que ellos me pidieran cosas como que les diera más paga, más libertad o que fuese menos estricta con los horarios para llegar a casa. Pero realmente me sorprendieron porque me pidieron cosas como que les dedicara más tiempo para que pudieran hablar conmigo, que les permitiera compartir conmigo sus problemas sin que les dijera de inmediato lo que yo haría, que les permitiera ser ellos mismos y que confiara más en ellos y cosas por el estilo. Aunque no fue fácil, estoy segura de que esto me ayudó a ser mejor madre. Me di cuenta de que, sin saberlo, me había convertido en mi propia madre y mis hijos estaban experimentando las mismas frustraciones que yo sufrí en mi infancia. No estaba dando un buen ejemplo como líder.

INFORMACIÓN CRÍTICA

En muchos aspectos, la habilidad y franqueza para pedirles a los demás que te digan cómo lo estás haciendo es una de las cosas más importantes que debes desarrollar. Sin duda, es necesario ser muy valiente ya que seguramente tendrás que escuchar cosas que no te gustarán, que no querrás oír y con las que estarás en profundo desacuerdo.

Probablemente intentarás defenderte, explicar por qué has hecho las cosas como las has hecho y te comportarás como si te hirviera la sangre. ¡Pero no lo hagas! Decirle a tu jefe que no lo está haciendo todo lo bien que podría, sea cual sea el motivo, no es nada fácil la primera vez. El suicidio colectivo no es un deporte popular y decirle a tu jefe que lo está haciendo mal es justo eso. Sin embargo, según mi experiencia la mayor parte de la gente quiere ser lo mejor posible, ser grandes líderes. El problema radica en que no les preguntamos a las personas implicadas cómo podemos mejorar. Si todos y cada uno de nosotros asumiésemos la responsabilidad absoluta de ser lo mejor posible, preguntarles a los demás cómo lo estamos haciendo se convertiría en una rutina. Cambia tu forma de comunicarte con los demás y mantén tu mente abierta a todo lo que te digan. Permíteles que te digan lo que quieran comunicarte sin ponerte a la defensiva, tanto si te gusta como si no, ya que lo que ellos perciben es su realidad.

Piensa en cómo tratas a tus compañeros de trabajo, amigos y familiares. ¿Confías en que son sinceros contigo? ¿Valoras sus opiniones? Prueba la idea 13, *Dales una oportunidad.*

Otra idea más...

«Nos juzgamos a nosotros mismos por lo que creemos que somos capaces de hacer. Los demás nos juzgan por lo que hemos hecho».
HENRY WADSWORTH LONGFELLOW

La frase

¿Cuál
es tu
duda?

P   **He estado pensando en este asunto, pero todavía no me he atrevido a ponerlo en práctica. He pensado que sería mejor probar con mis hijos antes que con mis compañeros de trabajo. ¿Qué me recomiendas?**

R   *No importa, ¡simplemente empieza a hacerlo! Con todo, aplicarlo a tus hijos puede que no te resulte fácil. En una ocasión, mi hija mayor me dijo algo devastador: que no le gustaba que siempre le comprase cosas o que pagase yo siempre cuando salíamos juntas. Se sentía resentida porque no la dejaba contribuir. Pero en ese momento de su vida ella no tenía dinero y yo pensaba que la estaba ayudando y facilitándole las cosas. Mantuvimos una discusión muy emotiva y le pregunté qué quería que cambiara. Ahora mantenemos una relación muy diferente y le doy gracias a Dios de que tuviera la valentía de decirme cómo se sentía y de que yo estuviera receptiva para escucharla.*

P   **Si le pido a mi equipo que me digan cómo actúo como jefe, ¿no parecerá que soy un jefe débil?**

R   *Según mi experiencia es justo lo contrario. A todos nos gusta que nos necesiten y si tu equipo siente que necesitas su ayuda para ser lo mejor posible, es probable que lo consideren como una muestra de fuerza. Además, si reconoces que no siempre eres perfecto y que te agrada aprender de tus errores, ellos se mostrarán mucho más abiertos con sus debilidades. Seguramente en tu entorno de trabajo se respirará más confianza y franqueza, y los errores se convertirán en una oportunidad de aprender en lugar de intentar ocultarlos o culpar a los demás por ellos.*

28

Presta atención a los demás

Una buena comunicación mejora las relaciones. El ambiente durante una cena familiar o el éxito de una reunión de trabajo puede transformarse si realmente nos entendemos unos a otros en lugar de limitarnos a pensar que lo hacemos.

¿No has mantenido nunca una acalorada discusión con otra persona para acabar por darte cuenta de repente de que lo que quiere decir es lo mismo que piensas tú?

ASEGURARSE DE HABER ENTENDIDO

A veces, aunque oigamos lo que se está diciendo, en realidad no estamos escuchando lo que se quiere decir. Veámoslo con un ejemplo. ¿Has asistido alguna vez a una conferencia o a una reunión de padres escuchando cómo el orador o el profesor encargado se dirigían a la audiencia desde el estrado? Aunque le escuchas atentamente, de repente empiezas a pensar que te has perdido algo porque no acabas de entender del todo de qué está hablando. Te preguntas si deberías haber leído antes algún papel o has perdido alguna carta por descuido. Sin embargo, todos los demás parecen estar enterándose de qué va la cosa y tú no quieres parecer un tonto haciendo una pregunta.

Una buena idea...

La próxima vez que no estés completamente seguro de haber captado la idea que te acaban de explicar, realiza una pregunta. Prueba con «Para asegurarme de que te he entendido correctamente, ¿estás sugiriendo que...?». También puedes probar con: «Cuando dices eso, ¿quieres decir que quieres que yo...?». Es mejor asegurarte de haber comprendido bien el mensaje que malgastar tu valioso tiempo.

Si tienes suerte, quizá algún valiente levante la mano y pregunte: «Cuando dijo que pensaba seguir adelante con el proyecto, ¿quiso decir...?». Entonces el orador dirá «Sí, eso es exactamente lo que quise decir» o bien «No, lo que quise decir es...». En ese momento puedes percibir el alivio que sienten los asistentes porque todos empiezan a comprender lo que el orador quiso decir y te das cuenta de que no eras tú el único que estaba perdido. Pero, ¿qué pasa si nadie hace una pregunta que aclare la situación?

El lenguaje está repleto de palabras difíciles de definir. Conocemos su significado básico, pero pueden adquirir un énfasis diferente dependiendo de contexto o del propósito del orador. Por ejemplo, si tu hijo te pide que le recojas antes del colegio al día siguiente, tendrás que preguntarle qué significa antes, ya que si no puedes presentarte en el colegio una hora antes de la hora habitual cuando de hecho tu hijo quiso decir unos cinco minutos antes.

REINA LA CONFUSIÓN

Imagina que acaban de hacerte una evaluación en el trabajo y que tu jefe destaca un par de áreas en las que debes «mejorar». Con ello tú piensas que quizá se refiere a que hagas cosas como detallar más los informes o asistir a más reuniones del departamento. Sin embargo, cuando tienes la siguiente reunión con él te dice que

Para obtener más información sobre cómo asegurarnos de que hemos entendido claramente lo que la otra persona quiere decir, consulta la idea 47, *El reloj de arena*.

Otra idea más...

está contrariado. Cuando le preguntas por qué, te dice que esperaba una respuesta más comprometida por tu parte. Ojala hubieras entendido que lo que en realidad quería que hicieses era que le enviases informes semanales para mantenerle informado, que mantuvieses una comunicación diaria con los otros departamentos y que incluyeses algunas recomendaciones en tus informes. ¡Ojala le hubieses preguntado qué quería decir con «mejorar»!

Entonces, ¿por qué no lo hiciste? Por alguna razón a menudo nos mostramos reticentes a preguntar por si acaso parecemos tontos. ¿Pero no parecemos mucho más tontos cuando nos esforzamos por hacer algo equivocado? Por lo tanto, es recomendable adquirir el hábito de preguntar para asegurarnos de haber entendido bien la cuestión, para asegurarnos de que tenemos claro lo que la otra persona nos ha explicado o lo que nos pide que hagamos.

«Aprender mucho no enseña a comprender».
HERÁCLITO DE ÉFESO

La frase

123

¿Cuál
es tu
duda?

P **¿Podemos exagerar esta técnica? Cuando alguien realiza una pregunta durante nuestra reunión mensual, se puede observar claramente cómo el jefe se enfada y parece que está a punto de decir: «Ya he dejado eso claro, esto es una pérdida de tiempo».**

R *Personalmente no creo que puedas exagerarlo. A menos que hayas entendido perfectamente una cuestión, es probable que tomes decisiones incorrectas. Puedes probar a «ponerle nombre» a la pregunta antes de realizarla. Por ejemplo, «Lo que has dicho es muy útil, pero como sé que es muy importante que alcancemos el mejor resultado para la empresa/el equipo, ¿puedo preguntarte si he entendido bien que...?».*

P **Tengo dos hijos gemelos en edad adolescente y, a pesar de que físicamente son idénticos, en realidad son muy diferentes entre sí: uno es muy callado y amable y el otro es mucho más enérgico y emprendedor. Siempre están discutiendo y al escucharlos parece que sean de distintos planetas. ¿Qué puedo hacer? Normalmente siempre acabo enfadándome y les pido que se peleen donde yo no pueda oírles.**

R *¿Por qué no les dices cómo te sientes cuando les oyes discutir? Después proponles que hagan un ejercicio. Pídeles que anoten cada uno por su lado las cualidades de su hermano; deben ser todo lo positivos que puedan y no pueden escribir nada negativo. Luego pregúntales qué podrían conseguir en la vida si unieran todas esas cualidades. Pregúntales: «Si supierais que podéis hablar de manera que comprendierais claramente lo que el otro quiere decir, ¿qué cambiaríais en vuestra comunicación?».*

29

¡Escúchame, por favor!

Cuando alguien está pensando detenidamente alguna cuestión con el fin de tomar la mejor decisión, podemos caer en una trampa denominada «aconsejar», que por lo general obstaculiza el pensamiento y puede resultar devastadora.

Por el contrario, la persona que intenta ayudar debe recordar que su papel principal es el de escuchar. No debe expresar su punto de vista ni realizar ninguna pregunta que no sea: «¿Hay alguna otra cosa que sientas o pienses sobre esto?».

ROMPER LAS REGLAS DEL PENSAMIENTO

Yo animo a la gente a que forme parejas de pensamiento, en las que una de las partes se dedica a escuchar lo que piensa la otra. En una ocasión, estaba demostrando cómo se hace esto pensando sobre una cuestión con la ayuda de Cristina, una de mis compañeras. La cuestión que estaba trabajando era cómo enseñarles esta forma de pensar a la gente joven. Éste es un campo que me apasiona y que creo que puede marcar una gran diferencia; había pensado mucho en ello, pero no me acababa de decidir debido a mi creencia de que no era lo suficientemente buena para hacerlo.

Una buena idea...

Cuando eres la parte que escucha en una pareja de pensamiento, puede que sientas que hay algo especialmente importante que la otra parte no dice. Según mi experiencia, esto se debe por lo general a la falta de experiencia. Todos sabemos qué ocurre si decides voluntariamente ofrecerte a dar consejos, así que no lo hagas. Lo que puedes hacer, después de decirle lo bien que lo está haciendo, es comunicarle que tienes algunas ideas que compartirás con él dentro de unos cuantos días. Pasado ese tiempo seguramente él ya habrá pensado también en lo mismo.

Cristina utilizó una pregunta incisiva muy simple para liberar mi pensamiento: «Si supieras que eres lo suficientemente buena, ¿qué harías en primer lugar?». Mi mente se despejó y le respondí: «Si supiese que soy lo suficientemente buena, hablaría con algunos profesores para averiguar si a ellos les interesa el proyecto. También hablaría con algunos padres, invitaría a algunos profesores a uno de mis programas y muchas, muchas cosas más». Se me ocurrieron algunas ideas estupendas y me sentí con mucha energía y muy emocionada con las posibilidades.

Cristina lo hizo muy bien y cumplió la norma de escuchar absteniéndose de dar consejos. Después me dirigí a los asistentes para preguntarles si tenían alguna duda sobre el proceso de parejas para escuchar. Unos pocos hicieron unas cuantas preguntas y luego ocurrió algo que constituyó una buena lección para el grupo y para mí misma. Alguien dijo: «¿Podríamos ampliar esta cuestión un poco? Porque tengo una duda: Antes de hablar con los profesores sobre este asunto, ¿has tenido esto en cuenta?». Y procedió a explicar el aspecto sobre el que yo había estado pensando. ¿Qué había hecho? Tan claro y alto como pudo, reforzó mi idea inicial de que no era lo suficientemente buena. Me señaló de inmediato en qué me había equivocado y después me dio un consejo.

Esto me produjo un gran impacto. Con sorpresa por parte de todos, me eché a llorar y durante mucho tiempo después estuve pensando que no tenía nada que hacer con este proyecto. ¡De hecho, aún no lo he iniciado! Todo el tiempo que dediqué a pensar en este asunto no sirvió para nada.

Puedes influir a la gente simplemente escuchándola. Consulta la idea 26, _Habla, que te escucho._ *Otra idea más...*

El efecto que esto tuvo sobre la otra persona también fue importante. Cuando se dio cuenta de lo que había hecho y el grupo empezó a hablar sobre ello, cayó en la cuenta de que estaba haciendo lo mismo con sus hijos adolescentes. Ellos pensaban hacer algo, decidían qué querían hacer al respecto y entonces se lo comunicaban, pero en lugar de animarlos y decirles que era una gran idea, invariablemente les señalaba los aspectos que no habían tenido en cuenta. A menudo se preguntaba porqué esto les afectaba tan negativamente y este ejercicio le facilitó la razón.

«Escuchar atentamente y responder bien es la máxima perfección que podemos alcanzar en el arte de la conversación».
FRANÇOIS DE LA ROCHEFOUCAULD

La frase

¿Cuál
es tu
duda?

P   **Mi hija me cuenta algunas cosas relacionadas con sus asuntos económicos. Yo no tengo estudios en este campo, pero obviamente sí tengo cierta experiencia que ella no tiene. En una ocasión dejé que siguiera hablando del asunto y después le pregunté: «¿Hay algo más que quieras decir al respecto?». Esperaba que ella llegara a sus propias conclusiones, pero al final se sintió frustrada y me preguntó abiertamente qué podía hacer. ¿Qué salió mal?**

R   *Lo hiciste bien. La ayudaste a iniciar su hilo de pensamiento, pero además puedes realizarle otra pregunta incisiva que la ayudará a llegar un poco más allá en sus pensamientos. Por ejemplo, «Si supieses que puedes obtener toda la información necesaria para tomar la mejor decisión posible, ¿por dónde empezarías a buscarla?».*

P   **¡Mi jefe es justo así! Quería que me ayudase a pensar en un asunto relacionado con un cliente. Casi no había terminado de ponerle en antecedentes cuando me dijo qué tenía que hacer e incluso empezó a realizar una llamada telefónica para poner en práctica sus ideas. ¿Cómo puedo abordar este asunto?**

R   *Sé franco con tu jefe. Dile lo que ocurrió en esa ocasión y explícale que la próxima vez quieres que te ayude a tomar tu propia decisión. Puede que funcione. Siempre puedes demostrarle el ejercicio ofreciéndote a escucharle la próxima vez que tenga que resolver algún problema. También puedes explicarle que te sentirás más predispuesto a emprender las acciones que sean necesarias si eres tú mismo el que diseña la solución.*

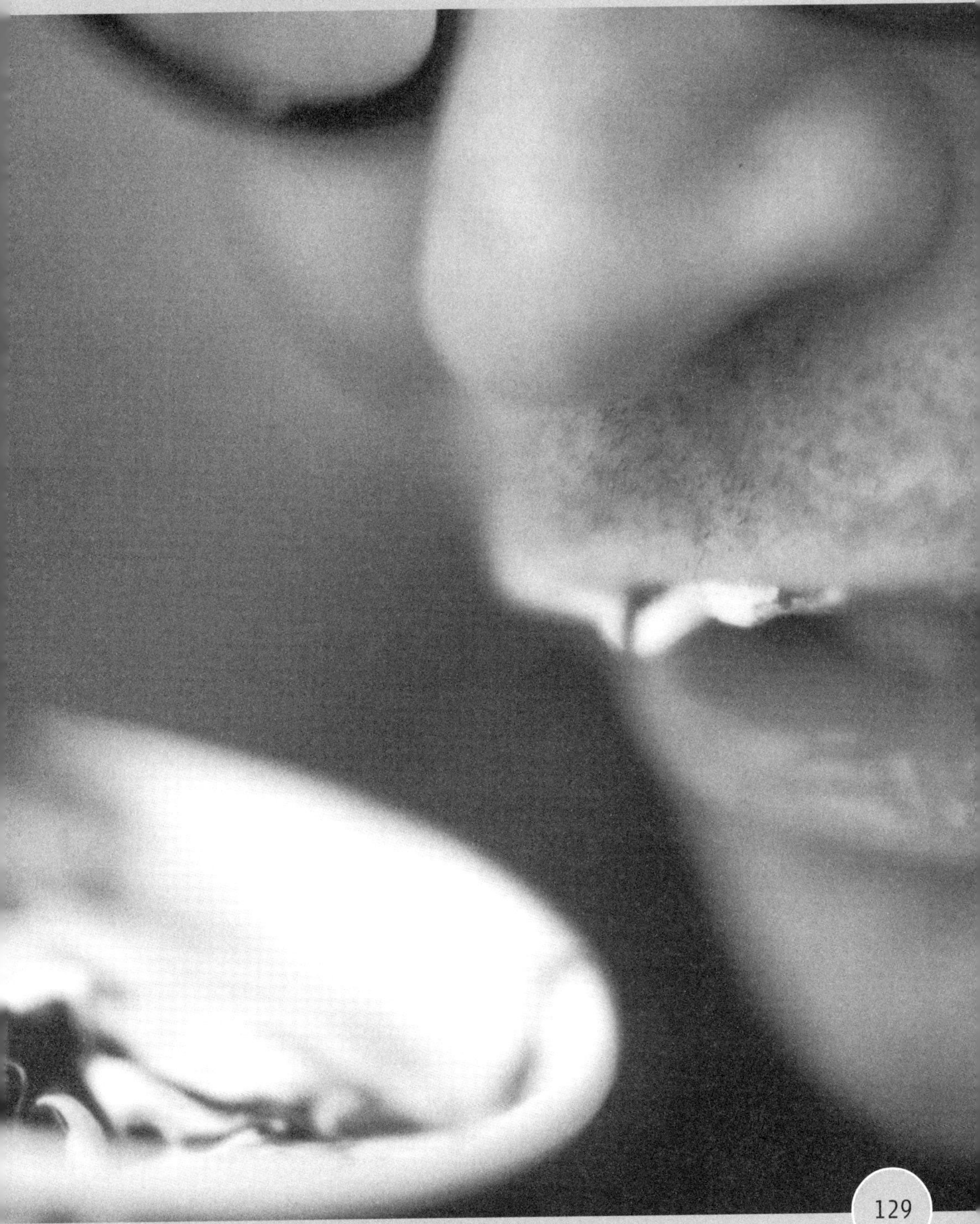

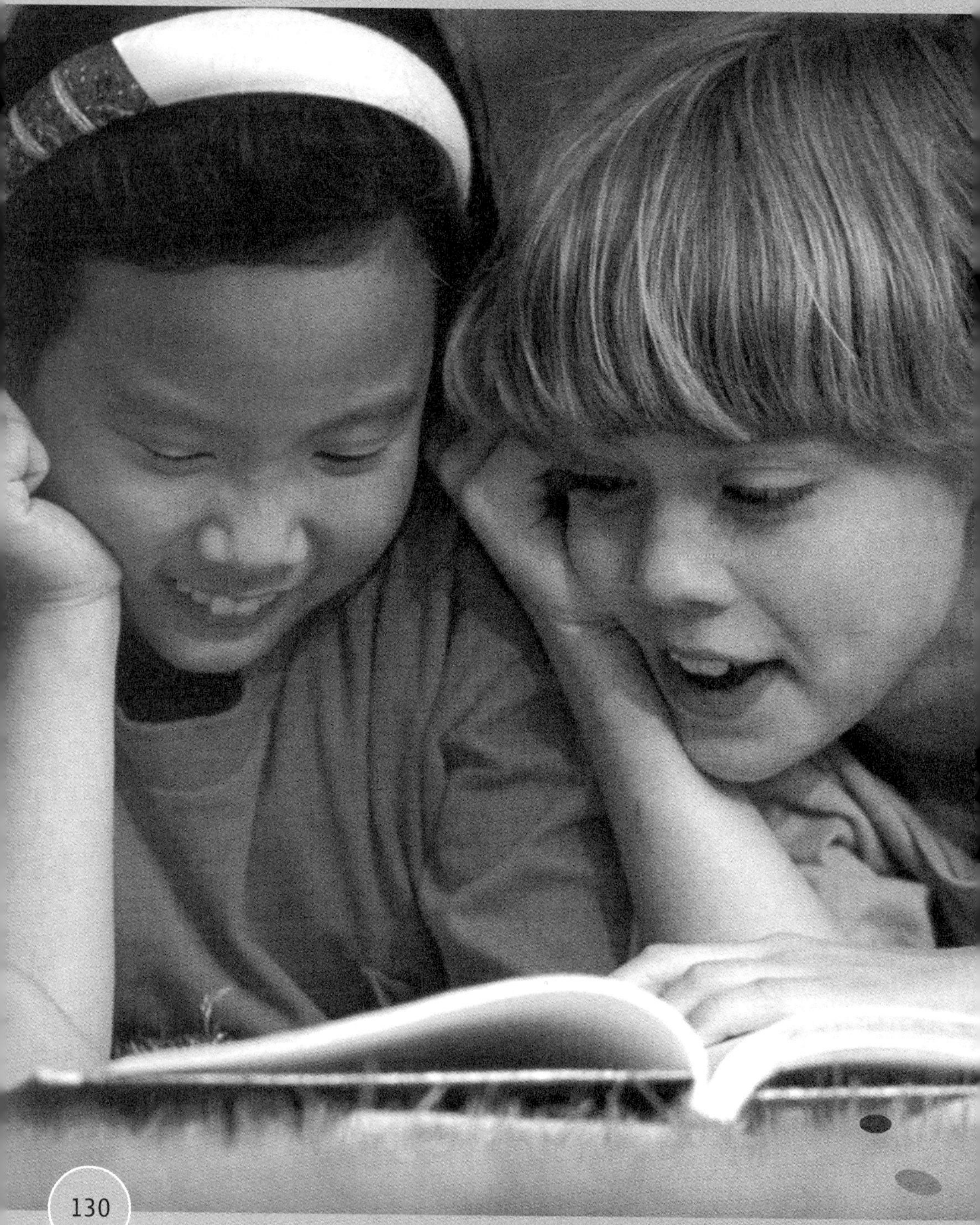

30

El tamaño no importa

Cuando se trata de ejercitar la imaginación, la experiencia puede ser contraproducente. A medida que crecemos, nuestro pensamiento puede verse cada vez más restringido, prefiriendo las ideas tradicionales en lugar de las imaginativas que podrían transformar nuestras vidas.

Es increíble la cantidad de veces que pensamos que las ideas de los demás no pueden ser tan buenas como las nuestras a menos que tengan nuestra misma experiencia y conocimientos.

DEJA QUE TU MENTE VUELE LIBRE

Con el paso de los años he aprendido muchas lecciones basadas en esta cuestión y ahora creo firmemente que absolutamente todo el mundo tiene la más increíble de las habilidades para pensar detenidamente en las cosas y tener ideas maravillosas. Puede que algunas personas no sean capaces siempre de expresarlas tan elocuentemente como otras, pero sus ideas siempre estarán ahí si intentas encontrarlas.

A mi parecer, no existe otro grupo cuyas opiniones se pasen por alto tanto como el grupo de los jóvenes. Aún así, estoy segura de que alguna vez habrás observado cómo los niños pequeños ejercitan su imaginación de la forma más sorprendente: una sartén

Prueba a preguntarle a algún chaval que conozcas su opinión sobre algún asunto, no sobre algo que creas que sabrá un montón, como por ejemplo Spiderman o Harry Potter, si no sobre algo que creas que le resultará más difícil. Si le pides su opinión y escuchas lo que te responde, te sorprenderás de todo lo que realmente no sabes.

y un palo los convierte en caballeros o un viejo chubasquero y unos zapatos de tacón varios números más grandes de lo que necesitan las transforma en una princesa. Esta imaginación se ve reemplazada en determinado momento por el cinismo de la edad adulta debido al paso del tiempo, la carga de la experiencia, la influencia de los condicionantes, lo establecido por la educación, etcétera.

Me hubiera gustado haber aprendido esto mucho antes en mi propia vida, pero por lo menos descubrí que cuando empecé a alentar a mis hijos a que desarrollaran nuevas ideas, los resultados fueron maravillosos. A menudo me contaban lo que inicialmente parecían unas ideas descabelladas, pero yo no detenía el flujo de su pensamiento entrometiéndome enseguida con los aspectos prácticos. Los escuchaba hasta que terminaban de exponer sus ideas y, después de apreciar su contribución y alabar sus esfuerzos, empezaba a trabajar con ellos para desarrollar sus ideas. Con frecuencia llegábamos a una solución mucho más imaginativa de lo que nunca hubiera podido imaginar.

NO PIENSES POR ELLOS

Una de mis clientes tenía un problema con su hijo: sencillamente no se iba a la cama a una hora razonable, de hecho, no se acostaba hasta que no lo hacían sus padres. Los padres no tenían vida social porque nunca podían salir sabiendo que él estaba despierto. Cuando oyó hablar de las parejas de pensamiento, mi cliente llegó a la conclusión de que estaba intentado imponerle su punto de vista en lugar de dejarle que pensara sobre los pros y los contras de su comportamiento. Se sentó a hablar con él, le pidió que hablase sobre la hora de irse a la cama y escuchó lo que opinaba. Así él pudo explicarse más o menos a sí mismo porqué era mejor irse a la cama él solo a una hora adecuada. Cuando llegó la hora de acostarse esa misma noche, simplemente se levantó y se fue a la cama.

El efecto que ejercen los condicionamientos se analiza con más detenimiento en la idea 43, ¡Qué mundo éste!

Otra idea más...

Es difícil no asumir que sabemos más que los niños y los jóvenes. De hecho, escucharles es una de las grandes pruebas que debe pasar nuestra capacidad para escuchar y es sumamente difícil no darles consejos. Recuerda que no conseguirán pensar como gigantes hasta que tú no los trates como gigantes.

«En todo niño hay un artista. El problema reside en cómo seguir siéndolo una vez que empieza a crecer».
PABLO PICASSO

La frase

133

¿Cuál
es tu
duda?

P **Todo esto suena muy bien en la teoría, pero ¿me estás diciendo que mi hijo de diez años puede darme ideas sobre las inversiones financieras o los lugares de vacaciones? ¡Me resulta difícil de creer!**

R *Admito que la cuestión de las inversiones puede resultar excesiva para él, pero esto mismo ocurre en el caso de muchos adultos y tiene más que ver con la falta de información que con la falta de imaginación. Puedes ampliar las preguntas para ayudar al proceso de pensamiento, tanto al tuyo como al de tu hijo. Por ejemplo, si quieres saber la opinión de tu hijo sobre el lugar al que iréis de vacaciones, por qué no le preguntas qué tipo de instalaciones le gustaría que hubiera para todos o qué tipo de alojamiento cree que es el más adecuado en lugar de preguntarle simplemente a qué sitio quiere ir. A propósito, ¡también es una buena idea que animes a tu hijo a pensar a qué podría dedicar el dinero de su paga!*

P **Mis hijos se pelean constantemente y a mí me resulta insoportable. En una ocasión me estaban sacando de quicio, así que les pedí que se sentarán y pensaran en cómo podrían dejar de discutir, pero esto sólo provocó otra discusión. ¿Qué salió mal?**

R *Hay dos aspectos que debemos considerar. En primer lugar, el mejor momento para pensar en algo no es cuando nuestras emociones están a flor de piel, así que si en ese momento estaban enfadados entre sí seguramente les resultaría difícil centrarse en la cuestión. En segundo lugar, deberías enfocarlo desde un punto de vista más positivo y decirles algo como «Cuando tenéis distintas opiniones sobre quién debería hacer o tener algo, si supierais que hay una forma más fácil y rápida de solucionar las cosas, ¿qué haríais?*

31

Trabaja tu relación

En una relación, es fácil que el día a día supere a las personas y que éstas empiecen a apartarse una de la otra sin darse cuenta de lo que está corriendo. De repente pueden encontrarse con que realmente no conocen a la persona que tienen al lado.

Dedicar el tiempo suficiente al desarrollo de nuestra relación, independientemente de cuánto tiempo llevemos juntos, es una de las cosas más importantes que podemos hacer si realmente la consideramos un compromiso de por vida.

¿CUÁL ES EL PROBLEMA?

En primer lugar vamos a considerar el aspecto laboral. Hay dos tipos de actividades laborales: mantenimiento y desarrollo. Las actividades de mantenimiento incluyen todas las cosas que se hacen a diario simplemente para poder hacer el trabajo en sí, entre ellas las ventas, tomar los pedidos, contestar el teléfono, abrir el correo, etcétera. Las actividades de desarrollo son diferentes en cuanto que se trata de tareas aisladas como, por ejemplo, diseñar un nuevo producto, lanzar un nuevo sistema informático, reorganizar la oficina para que todo funcione mejor, etcétera. Las actividades de mante-

Siéntate a hablar con tu pareja y acordar que ambos queréis que vuestra relación sea algo especial. Después llegar a un compromiso sobre el tiempo que le vais a dedicar, aunque ello suponga reorganizar el resto de las actividades. Preguntaos el uno al otro qué queréis obtener realmente de esta relación: ¿qué ideal tenéis al respecto? ¿Qué debéis cambiar para conseguirlo? No te limites a preguntarte a ti mismo qué quieres realmente, si no que realiza la pregunta: «¿Qué queremos realmente?».

nimiento son cosas que podemos medir (*¿hemos alcanzado el objetivo de ventas?*), son muy evidentes (*no lo hemos alcanzado y todos pueden ver las cifras*), afectan al aquí y ahora (*¿cómo vamos a pagar las nóminas este mes?*) e implican pocos riesgos. Las actividades de desarrollo, por otra parte, son todo lo contrario. Por lo tanto, obviamente todo el mundo tiende a inclinarse por las actividades de mantenimiento, aunque una empresa que no invierta cierto tiempo a las actividades de desarrollo está destinada a ser derrotada rápidamente por la competencia y a quebrar.

Lo mismo ocurre con las relaciones. Cuando nos enamoramos, al principio todas las actividades tienen que ver con el desarrollo: conocerse el uno al otro, descubrir las aficiones del otro, buscar otras nuevas que podamos compartir, etcétera. Después, si la relación avanza, quizá nos casemos, y ¿qué ocurre entonces? Las actividades de mantenimiento, como limpiar la casa, trabajar horas extra para pagar la hipoteca, hacer la compra y cocinar. ¡Y después llegan los niños y los problemas aumentan! Suben los gastos, nos convertimos en taxistas con dedicación completa y las tareas de la casa se multiplican. ¿Y qué pasa ahora con el tiempo que antes pasábamos juntos afianzando nuestra relación y conociéndonos aún mejor? Esto pasa a los últimos puestos de nuestra escala de prioridades.

DEDÍCALE TIEMPO

Nuestras relaciones son las que más sufren generalmente. A menudo escribimos en las tarjetas de Navidad «A ver si nos vemos este año», pero lo que es peor todavía es que al año siguiente volvemos a escribir la misma frase. En mi trabajo hay tres actividades que realizo de manera persistente.

Una es impartir talleres de trabajo y conferencias porque si no lo hago no gano suficiente dinero para pagar las nóminas hoy en día. Otra es marketing y ventas porque si no lo hago puede que no pueda pagar las nóminas mañana. La otra es desarrollar a mi gente. ¿Cuál es la que acabo haciendo todo el rato? Las dos primeras desde luego. ¿Cuál es la más importante? La última sin duda alguna. Así que ahora piensa en lo importante que es tu relación especial. ¿No se merece que le dediques el tiempo suficiente para desarrollarla de forma que cada vez estéis más unidos?

Merece la pena que hagas tus visiones individuales, abarcando todos los aspectos de tu vida y no sólo tu relación. Prueba la idea 24, *Cumple tus sueños*.

Otra idea más...

«*Deja de vivir como si la vida fuese una enumeración. Vive el día actual como si fuese el último. El pasado ya no está y el futuro no está garantizado*».
WAYNE DYER, experto estadounidense en motivación

La frase

¿Cuál
es tu
duda?

P **Me siento incómoda porque mi pareja y yo hemos empezado a distanciarnos. ¿Es posible realmente recuperar lo que teníamos? Me temo que ahora somos muy diferentes de lo que antes éramos.**

R *Depende totalmente de si tanto tu pareja como tu queréis recuperar lo que teníais. Si ambos estáis de acuerdo, la respuesta es un rotundo sí. Cread vuestros propios ideales de forma individual y después compartirlos. Centraos especialmente en lo concerniente a la relación y tened en cuenta que analizar todo los ideales puede proporcionaros algunas ideas sobre áreas en las que podéis desarrollar intereses conjuntos. Yo viví con uno de mis novios durante tres años y después lo dejamos por circunstancias de la vida. Ahora hemos empezado a vernos de nuevo y ambos consideramos nuestra relación desde un punto de vista diferente: estamos comprometidos a desarrollarla.*

P **Las relaciones son en realidad mucho más complejas que esto. A veces se toman decisiones incorrectas y es el momento de dar un paso hacia delante. ¿Quieres decir que todas las relaciones pueden salvarse?**

R *No, eso no es lo que quiero decir, y estoy de acuerdo en que a veces nos precipitamos y nos equivocamos. Pregúntate a ti mismo si tu relación ha terminado realmente o es simplemente uno de esos casos en que el césped se ve más verde. Tengo la impresión de que tendemos a abandonar demasiado rápido; por desgracia soy consciente de que yo misma lo he hecho en alguna ocasión y en esta categoría englobo mi segundo matrimonio.*

32

Es tu elección

El momento de elección se encuentra entre el estímulo y la respuesta. Asumir tu responsabilidad es lo mejor que puedes hacer una vez que has comprendido completamente su significado.

A mí me funcionó estupendamente. Al asumir mis propias responsabilidades cambió mi forma de pensar y, en definitiva, toda mi vida. Dejé de culpar a los demás cuando las cosas no salían como yo quería.

RESPON-S-ABILIDAD: TÚ ELIJES

A menudo reaccionamos ante las situaciones como si sólo tuviésemos una opción, pero una vez que somos conscientes de que siempre tenemos elección empezamos a sentir que tenemos el control de nuestras propias acciones y de nuestras vidas en general. Por ejemplo, ¿qué haces cuando suena el teléfono? Sin duda contestas, pero ¿qué otra cosas podrías hacer? Podrías dejarlo que sonase, dejar que saltase el contestador, pedirle a otra persona que contestase o incluso desenchufarlo. Tienes distintas opciones.

Pensemos en esto aplicado a nuestras relaciones. Imaginemos que una tarde que estoy en casa decido hacer un gran esfuerzo y cocinar una cena estupenda para mi pareja. Las velas están encendidas, la música suena, el vino está aireándose y la comida casi está lista. De repente oigo un portazo, el golpetazo de un maletín que cae al suelo, el

¿Qué ocurre cuando alguien hace algo para disgustarte? Quizá hace algo constantemente que a ti te molesta realmente, y piensas que no es justo. Permíteme que te pregunte «Si supieses que puedes elegir otra respuesta, ¿de qué otra forma te comportarías la próxima vez?». Toma una decisión y comprométete a cumplirla. Te sorprenderás de lo bien que te puedes llegar a sentir.

quejido del perro al que le han dado un puntapié para apartarlo del medio y entonces entra mi marido hecho una furia, echando pestes del horrible día que ha tenido, de los inútiles de sus compañeros y de su jefe que le ha defraudado. Después dice que no quiere comer nada y sale apresuradamente.

En ese momento suena el teléfono y es una buena amiga mía que me pregunta si quiero que nos veamos un rato en el bar. Yo le respondo: «Si hubieses llamado un rato antes te hubiera dicho que sí encantada, pero mi marido acaba de llegar hecho una furia y me ha puesto dc muy mal humor así que no creo que fuese una buena compañía». Se podría decir que es comprensible, pero ¿me ha puesto él de mal humor o ésa es la respuesta que yo he elegido?

Piensa de qué otra forma podría haber respondido. Podría haberle escuchado, haberle servido una copa de vino y haberle sugerido que se relajase un rato. También podría haberle propuesto prepararle un baño para que se calmase. O incluso podría haberme ido un rato al bar con mi amiga.

¿QUÉ RESULTADO PREFERIRÍAS?

Si hubiese elegido cualquiera de estas otras opciones, lo más probable es que al cabo de media hora hubiésemos estado sentados juntos disfrutando de mi estupenda cena. Por el contrario, la primera opción nos aseguraba estar metidos en una espiral de enfados sin hablarnos durante días.

Consulta la idea 23, *¿Hablamos el mismo idioma?*, para obtener más información sobre cómo explicar cómo te sientes ante el comportamiento de los demás.

Otra idea más...

Con esto no quiero decir que no afrontemos los hechos. No se trata de «rendirse» ni de «ser débil». Aunque adoptar una actitud de enfado en el momento no es de particular ayuda, es importante hablar con tu pareja y explicarle cómo te sientes acerca de su comportamiento una vez que las cosas se hayan calmado, quizá unos días más tarde. Por lo tanto, hablemos claro: esto no significa evitar los retos, pero si reaccionamos como si otra persona manejara nuestros hilos perdemos el control de nuestras vidas y permitimos que otras personas las dirijan.

El periodo entre el estímulo y la respuesta es nuestro momento de elección, ya sea decidir no unirnos al mal humor de nuestra pareja, no sentirnos heridos cuando nuestros hijos olvidan nuestro cumpleaños o asistir a una reunión con nuestro jefe aunque pensemos que es una pérdida de tiempo. Cuando asumimos la responsabilidad de nuestro comportamiento y somos conscientes de que hemos realizado una elección empezamos a sentir que tenemos el control, que es el sentimiento que más poder nos confiere. A mí me llevó mucho tiempo darme cuenta del hecho de que tenía diferentes opciones en mis matrimonios, que no tenía que reaccionar ante el comportamiento de mis maridos en todo momento y después culparlos por cómo me sentía, si no que podía realizar una elección consciente de mis respuestas.

«*Soy libre porque sé que únicamente yo soy responsable moralmente de todo lo que hago*».
ROBERT A. HEINLEIN

La frase

¿Cuál
es tu
duda?

P Cada vez que visito a mi madre de noventa años en la residencia donde vive acabo enfadada antes de que pasen diez minutos. Parece que nunca está contenta con nada: la comida, su corte de pelo, la televisión, el hecho de que uno de sus nietos no la visita desde hace una semana, etcétera. ¿Cómo puedo mantener la calma cuando ella no deja de quejarse?

R *No es fácil, pero piensa en lo que he dicho. ¿Qué resultado quieres conseguir? Si tú te irritas seguramente tu madre se quejará todavía más, aparte de que seguramente estarás malhumorada todo el resto del día y puede que hasta lo pagues con otro miembro de la familia. No disculpo su comportamiento, pero ¿por qué permites que te estropee el día? Si decides mantener la calma puede que ella se relaje también y tú puedas disfrutar de tus visitas. Intenta iniciar un nuevo patrón mencionándole alguna de las cosas agradables que posee o que la rodean.*

P Odio mi trabajo, pero no puedo dejarlo porque trabajo en un negocio familiar y mi padre dice que no puede pasar sin mí. Siento que no tengo elección: no quiero decepcionarle pero me siento atrapado. ¿Qué puedo hacer?

R *Aunque es cierto que siempre tenemos elección, esto no significa que sea fácil. Primero decide cuáles son tus prioridades. Si crees que deberías quedarte y apoyar a tu padre, debes ser consciente de que esto es una elección y una vez que la hayas elegido debes decidir cómo afrontarás el futuro. ¿No adoptarías una actitud positiva y decidirías qué te permitirá ser lo mejor posible?*

33

Para el gusto están los colores

El hecho de apreciar la diversidad de los puntos de vista e ideas puede ayudarnos a librarnos de algunas de nuestras limitaciones y nos permite pensar con mayor profundidad.

¿Qué es lo primero que hacemos cuando encontramos a alguien que piensa de forma diferente a la nuestra? Normalmente intentamos ayudarle a comprender nuestro punto de vista. Para ser más sinceros, ¡generalmente intentamos mostrarles porqué nosotros estamos en los cierto!

LA DIVERSIDAD ES BUENA

Piensa en algunas de las ideas más creativas que hayas tenido en tu vida. Puede que se te ocurrieran cuando estabas de vacaciones en un lugar exótico, mientras paseabas por un entorno salvaje apartado de todas partes, mientras esquiabas bajando una ladera o, como le ocurrió a un buen amigo mío, mientras hacías un poco de ejercicio. En otras palabras, generalmente las grandes ideas se nos ocurren cuando nuestra mente está apartada de la rutina del día a día y tiene la oportunidad de ver las cosas desde otra perspectiva.

Una buena idea...

La próxima vez que te reúnas con tus familiares o amigos para discutir algún asunto, procura descubrir qué sienten al respecto en lugar de precipitarte a decir lo que piensas. Anima a todos a que escuchen las ideas de los demás hasta que hayan comprendido completamente cómo se siente cada uno. Pídeles que nadie tome una decisión en ese momento y que dediquen un par de días a pensar en las ideas de los demás antes de volver a reunirse para discutir las propuestas.

Si sabemos que esto es así, ¿por qué no estamos preparados para dejar que los demás nos lleven a sitios nuevos y emocionantes en nuestras mentes? De lo que hablo es de darnos a nosotros mismos la oportunidad de compartir nuestras ideas plenamente y de ser escuchados sin interrupciones, juicios o desafíos. En un grupo de personas, ya se trate de una reunión familiar o de una reunión de trabajo, la mejor posibilidad que tenemos de crear un ambiente innovador e interesante es que haya una mezcla de edades, experiencia, trasfondo y cultura. Una vez que somos conscientes de que esta diversidad ofrece una estupenda oportunidad para desarrollar ideas, debemos apreciarla.

OBJETIVO: COMPRENDER

Debido a nuestra tendencia de gravitar alrededor de la gente que es como nosotros, debemos abrir conscientemente nuestras mentes a nuevas formas de pensar. En palabras de Stephen Covey, un gurú de la autorización, primero debemos «procurar comprender», lo que significa que debemos hacer preguntas y alentar a los demás del grupo a que compartan sus puntos de vista, sin que sientan que los están juzgando o ignorando.

No se trata sólo de oír lo que piensan, si no también de oír por qué piensan así y qué experiencias les han llevado hasta ahí. Cuando entendemos el porqué, podemos empezar a formar nuevas perspectivas en nuestro propio pensamiento, lo que es prácticamente como transportarse a un nuevo punto de vista.

Con los años he observado muchos grupos de discusión y cuando la gente empieza a trabajar realmente como un grupo, intercambiando sus ideas y sentimientos sin aferrarse a sus propias ideas, los resultados son sorprendentes. Resulta sumamente interesante observar este proceso.

La idea 34, *¿Pensar con calidad? Pensar con igualdad*, explica otro aspecto importante para mejorar tu forma de pensar.

Otra idea más...

Desde luego, un campo en el que existe una enorme diversidad de opiniones es entre padres e hijos, sobre todo cuando se trata de adolescentes. Recuerdo algunas de las discusiones que mantuve con mis hijos cuando me empeñaba en que comprendiesen mi punto de vista porque se basaba en la experiencia y yo quería lo mejor para ellos. No se me ocurrió en esos momentos preguntarles más acerca de lo que pensaban y por qué. Simplemente pensaba que yo sabía más. Ojala hubiera sabido entonces lo que sé ahora. Hoy en día, incluso cuando mis hijos quieren hacer algo que me preocupa realmente, les escucho y les hago preguntas en lugar de intentar imponerles mi punto de vista. ¡Lo curioso es que ahora ellos también quieren saber lo que pienso sinceramente y por qué!

«Debemos ser conscientes de que la diversidad teje un rico tapiz y debemos comprender que todos los hilos del mismo tienen el mismo valor sea cual sea su color».
MAYA ANGELOU

La frase

145

¿Cuál
es tu
duda?

P Probé esta idea durante una discusión política con mi hijo que tiene un punto de vista opuesto al mío. Al poco rato empezó a enfadarse y me parece que hubiese sido mejor admitir que diferimos. ¿Qué salió mal?

R *¿Estás seguro de que realmente le escuchaste e intentaste comprender por qué pensaba así en lugar de intentar cambiar su opinión? ¿Es posible que se enfadase porque pensase que le estabas diciendo que creías que lo que él pensaba estaba mal? Inténtalo otra vez y asegúrate de limitarte a escucharle sin desafiarle.*

P Una amiga mía está casada con una persona completamente diferente a ella en todos los aspectos y están constantemente discutiendo. La situación es tan desagradable que ya nunca los invitamos a cenar porque todos los demás nos sentimos muy incómodos cuando ellos no paran de discutir. Quiero mucho a mi amiga pero no sé cómo ayudarla.

R *No has mencionado si a ella le preocupa esta circunstancia y te ha hablado de ello. Si es así, tu tarea es mucho más fácil. ¿Por qué no intentas que piense en su relación ideal y después te diga las cualidades que encuentra en la que tiene ahora en función de su ideal? Intenta que se centre en las cualidades de su pareja y pregúntale: «Si supieses que eres la absoluta responsable de mejorar tu relación de pareja, ¿qué harías de forma inmediata?». Ayúdala a comprenderlo y a asumir la propiedad de su elección para aplicarla en su relación y vivirla de esa forma. También deberías decirle por qué ya no la invitas a cenar: en mi opinión, es lo justo.*

34

¿Pensar con calidad?
Pensar con igualdad

Pensamos mejor cuando estamos con personas con las que nos sentimos a gusto. Sentirse «inferior» o «mejor que» alguien limita esta capacidad.

Cuando las personas piensan en grupo, el hecho de olvidarse de los aspectos de rango o jerarquía mejorará la calidad del pensamiento.

También es importante que el líder del grupo, ya sea un progenitor o un superior, muestre que está abierto totalmente a escuchar otras ideas y que no pretenda discutir solamente las suyas. La gente no piensan ni contribuyen todo lo que podrían si sienten que los demás ya tienen hecha su idea o que su punto de vista no es importante.

TODOS SOMOS POTENCIALES GIGANTES DEL PENSAMIENTO

En una ocasión me encontraba ayudando a un grupo de directivos a hacerse una idea de cómo hacer que su empresa avanzara. Todos acordamos que en ese momento el rango no sería relevante y que la opinión de todos contaría por igual y que, más importante aún, el voto de todos también valdría lo mismo. El director general se sentía muy incómodo con la situación que se iba a dar y se mantuvo distante durante la discusión. El miembro más

Una buena idea...

Si tienes que tomar una decisión en una reunión asegúrate de que no acabas manejando demasiadas ideas, porque puedes perder el rastro de las buenas o adoptar una que no se ha discutido convenientemente. Además, la gente se cansa y puede que triunfe la idea de la persona que más alce la voz. Si surgen demasiadas ideas, busca la forma de darles prioridad y discutirlas una por una. Anima a los demás a que den su punto de vista sobre lo que se haya sugerido en lugar de que cada uno siga dando sus opiniones e ideas.

joven del grupo, una mujer que no era directiva y asistía a la reunión en nombre de su jefe que estaba enfermo, también se mantuvo en silencio.

Siempre existe el peligro de que los miembros más mayores del grupo piensen que otras personas a las que consideran de «menor rango» no pueden mantener el nivel requerido en la discusión y por lo tanto no las inviten a participar. Sin embargo, fiel al principio «de igualdad» el director general invitó a la joven a participar en la conversación y el resultado fue explosivo: expuso una idea que dejó sin palabras al resto de los asistentes. Se trataba de una idea que era más fácil que surgiera en la mente de una persona que no llevara mucho tiempo involucrada en los temas de dirección. Era una idea brillante, que demostró sin lugar a dudas que nunca se sabe quién puede tener una gran idea durante una charla.

No importa quiénes seamos, a qué escuela hayamos asistido o con qué amigos nos relacionemos. En realidad, ningún aspecto de nuestras posesiones o educación cambia el hecho de que todos somos gigantes del pensamiento y que podemos elegir tratarnos unos a otros como tales.

¿VOTO IGUALITARIO EN EL SENO DE LA FAMILIA?

Para ver más información sobre cómo mantener en mente el resultado deseado consulta la idea 46, *No, no y no.*

Otra idea más...

No hay nada con lo que un adolescente se sienta más desmotivado que el hecho de darse cuenta de que su opinión no cuenta en los asuntos familiares. ¿Es poco realista involucrarlos en las decisiones familiares importantes como dónde vivirá la familia o a dónde irán de vacaciones? No lo creo. Un entorno de pensamiento acogedor les permite expresarse y escuchar además de contribuir. Si se les hace ver que su punto de vista es importante, es más probable que su contribución en las conversaciones sea más seria y útil. Debemos tener en mente qué resultado queremos obtener durante una discusión familiar o una sesión de pensamiento: una unidad de cariño y apoyo mutuo. A veces, el hecho de aceptar las ideas de un miembro joven de la familia puede tener un poder increíble, incluso aunque los padres piensen que podrían llegar a una decisión mucho mejor. El compromiso auténtico y la propiedad intelectual de una idea pueden funcionar incluso mejor que no asumir un compromiso total con una idea de mayor calidad.

El hecho de ignorar las opiniones de los niños o de no invitarlos a participar les impide ayudarnos a pensar. Es más, pensar que ellos no nos pueden ayudar a pensar puede limitar nuestras propias capacidades.

«Hay gente que, en lugar de escuchar lo que les están diciendo, escuchan lo que ellos mismos van a decir».
ALBERT GUINON, dramaturgo francés

La frase

¿Cuál
es tu
duda?

P **Todo esto está muy bien, pero el mayor de nuestros hijos, Pedro, habla por los codos y a los demás nos resulta muy difícil meter baza, especialmente en el caso de mi hija pequeña, Lucía. ¿Cómo podemos participar en la conversación de forma constructiva?**

R *Prueba a usar «una interrupción con nombre», lo que implica que le interrumpas explicándole la razón. Por ejemplo, «Gracias por tu opinión, Pedro, pero para que podamos tomar la mejor decisión para todos, debemos darle a Lucía la oportunidad de que nos diga lo que piensa». Después invita a Lucía a que hable. Puedes probar a preguntarle cómo se siente al contarles a los demás sus ideas y luego preguntarle si no le parece una buena idea darles a los demás la misma oportunidad.*

P **No lo entiendo. Soy el director de mi equipo y en última instancia soy el responsable de su rendimiento. Estoy en este puesto porque se supone que mi juicio es mejor que el del resto de los miembros del equipo. Entonces, ¿por qué no puedo pensar las cosas por mí mismo y después presentarle a mi equipo lo que vamos a hacer?**

R *Dirigir un equipo para que alcance el máximo rendimiento implica más que nada desarrollar a sus miembros para que siempre puedan pensar y actuar de la mejor manera posible, tanto si tú estás como si no. Por supuesto que tú eres el que posee la experiencia, pero si quieres crear un grupo que trabaje satisfactoriamente cuando tú no estés o te ausentes durante unos cuantos días para asistir a un congreso, es fundamental que les animes a pensar creativamente. Recuerda: «La característica más notable de un liderazgo sobresaliente no es solamente qué tipo de líder seamos, si no cuántos líderes creemos».*

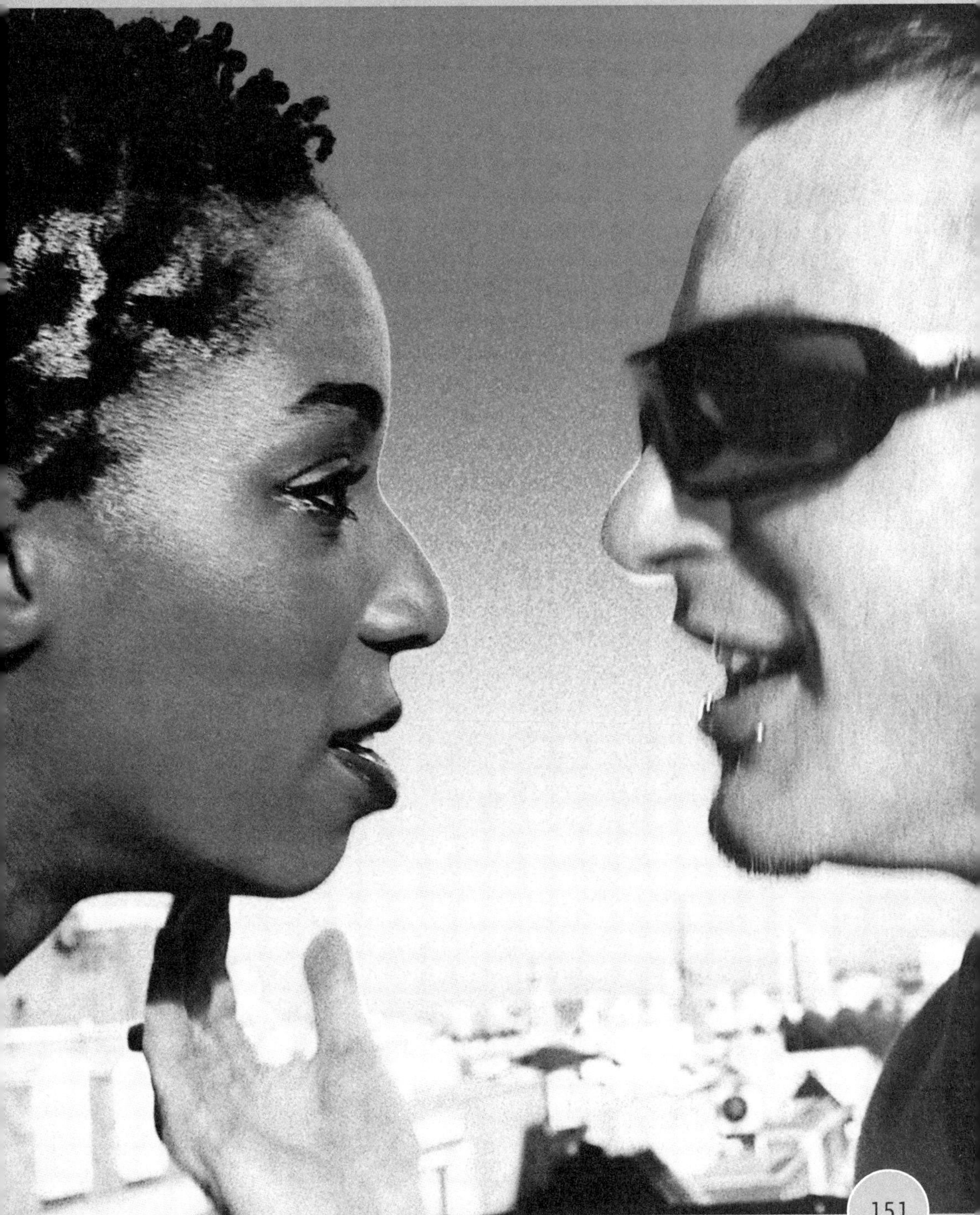

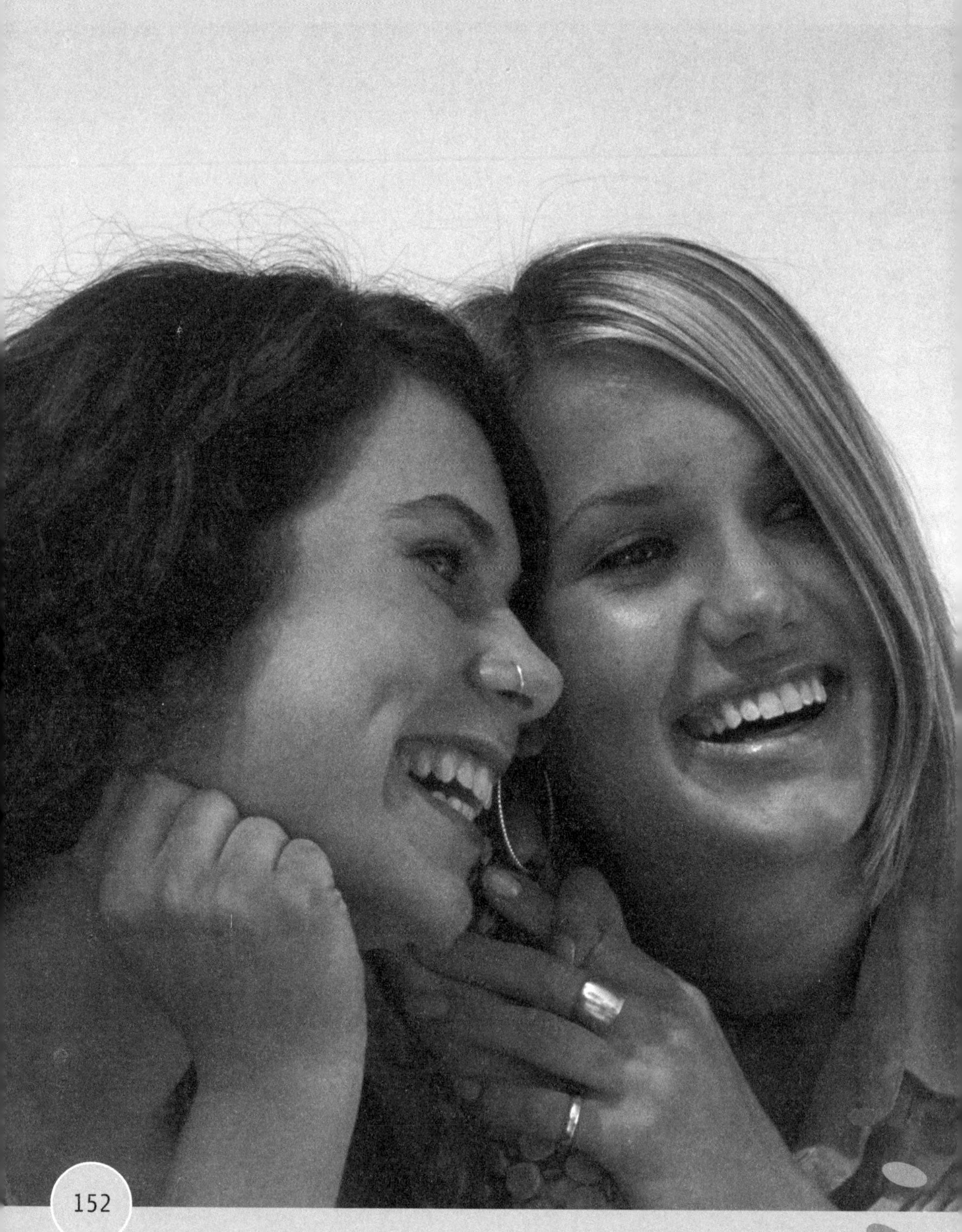

35

¡Supérate!

Existen tres tipos de presunciones que pueden impedirnos realizar los cambios que deseamos para conseguir la vida que queremos y merecemos: hechos, posibles hechos y presunciones fundamentales. Todos podemos pensar en alguna forma de superarlas.

Las parejas de pensamiento, en las que una persona escucha mientras otra articula sus pensamientos sobre un asunto que le preocupa, pueden ayudar a eliminar estas presunciones limitadoras.

TRES NIVELES DE PRESUNCIONES LIMITADORAS

Las presunciones limitadoras pueden ser hechos básicos, como por ejemplo, ser madre soltera, lo que sin duda es un hecho pero no necesariamente tiene que limitar tu forma de pensar y planificar tu vida. Incluso «los hechos» son fluidos y el hecho de «eliminarlos» al menos temporalmente de nuestro pensamiento puede generar ideas inimaginables y reemplazar el sentimiento de ser una víctima por el sentimiento de poseer la fuerza para cambiar. Recordar esta circunstancia resulta muy útil tanto si piensas tú solo como si formas parte de una pareja de pensamiento. En esta última situación, el papel de la persona que escucha es ayudar a la que piensa a eliminar el impacto del «hecho» sobre su pensamiento. Utiliza una pregunta incisiva como «Si supieses que como madre soltera puedes encontrar todo el apoyo que necesitas, ¿qué harías de forma diferente ahora mismo?».

Pregúntate a ti mismo qué asumes que te impide conseguir todo lo que quieres en tu vida. Puede servirte de ayuda hacer la pregunta en voz alta. Anota las primeras ideas que se te pasen por la cabeza. Después elabora algunas preguntas incisivas que te ayuden a eliminar estas presunciones y deja que tu imaginación vuele. Anota todas las posibilidades para cambiar tu vida que hayas identificado y decide cuáles vas a adoptar. Este proceso resulta mucho más efectivo si hay alguien escuchándote que pueda captar tus ideas a medida que se te pasen por la cabeza; pero es indispensable que se limite a escucharte sin intentar darte ningún consejo.

También existen las presunciones que son «hechos posibles», como por ejemplo pensar que puedes cometer un error. Una vez más, una pregunta incisiva como «Si supieses que ibas a hacer un trabajo perfecto, ¿qué harías en primer lugar?» o «Si supieses que todos aprenderíamos mucho de los errores, ¿de qué otra forma afrontarías esto?» puede ayudar a la otra persona a ver más allá de esta posibilidad y abrir su mente a nuevas posibilidades.

Por último, hay presunciones más profundas que están relacionadas con nuestras creencias sobre nosotros mismos y sobre nuestra experiencia en el mundo y que, por lo general, ensombrecen nuestro pensamiento continuamente. Por ejemplo, durante años cualquier aspecto de mi vida se apoyaba en mi creencia de que no era lo suficientemente buena. Como pensaba que no era lo suficientemente buena, no intentaba probar cosas nuevas y viví durante años a la sombra de mis maridos. Años más tarde, cuando una amiga me preguntó cómo me gustaría que fuese mi futuro después del fracaso de mi tercer matrimonio, momento en el que me encontraba completamente hundida, di por fin un gran paso hacia delante. Hasta entonces siempre había dicho que si fuese lo suficientemente buena haría esto y lo otro, hasta que ella me dijo: «Si supieses que eres lo suficientemente buena, ¿qué harías de forma diferente?». Cuando le respondí que no lo sabía, ella me dijo: «Bueno, pues si lo supieses, ¿qué sería?». De repente las compuertas se abrieron y todas las ideas que habían estado retenidas durante años salieron de golpe inundándolo todo. Fue una experiencia increíble.

Consulta la idea 18, *Libera tu mente*, en la que puedes encontrar varios ejemplos muy útiles sobre cómo eliminar las barreras.

Otra idea más...

LA ELECCIÓN FILOSÓFICA POSITIVA

Si realmente queremos ayudar a pensar a otra persona o a nosotros mismos, a sentirse y a actuar de la mejor manera posible, debemos empezar por tener en cuenta que todo el mundo tiene todo lo necesario para alcanzar su potencial. Por lo tanto, parece adecuado adoptar una filosofía positiva de la naturaleza humana: aceptar que los seres humanos son buenos por naturaleza, que son inteligentes, amables, emocionales, que poseen una gran fuerza, que tienen muchos talentos, son firmes, imaginativos y lógicos.

«*Los obstáculos son lo que uno ve cuando aparta los ojos del objetivo*».
E. JOSEPH COSSMAN, experto en ventas estadounidense

La frase

¿Cuál es tu duda?

P He intentado eliminar la presunción de «hecho posible» de que si intento aspirar a un puesto superior y no lo consigo, mi jefe actual puede enfadarse conmigo, lo que haría muy incómodo seguir con mi trabajo. Lo he pensado detenidamente en varias ocasiones, pero al final siempre vuelvo a la misma posibilidad. ¿Cómo puedo superarlo e intentar conseguir el trabajo?

R Quizá sirva de ayuda que te haga una pregunta: si supieses que puedes ayudar a tu jefe para que apoye tu deseo de mejorar en el plano laboral, ¿qué harías inmediatamente?

P Me encantaría crear mi propio negocio, pero nunca consigo hacerlo realidad porque no tengo el capital necesario para la inversión. Tengo un montón de grandes ideas, pero no me parece adecuado seguir desarrollándolas porque obviamente necesito dinero para vivir hasta que el negocio empiece a funcionar bien. He entendido lo que has dicho, pero esta cuestión me parece muy real. ¿Cómo puedo seguir adelante?

R Te entiendo perfectamente porque yo he tenido que afrontar el mismo problema hace diez años: tenía una idea pero necesitaba dinero para llevarla a la práctica, lo que suponía que nunca pensaba más allá de un determinado punto. Entonces un día alguien me preguntó: «Si el dinero no fuese un problema, ¿cómo iniciarías tu negocio?». Esto liberó mi pensamiento hasta tal punto que de repente empecé a pensar en todo tipo de oportunidades de conseguir un respaldo económico para mi negocio y elaboré un plan de acción real. Fue el momento más emocionante de mi vida.

36

Aprende de tus errores

Podemos aprender de nuestros errores cuando los cometemos o limitarnos a pensar que simplemente tenemos mala suerte y seguir repitiendo los mismos errores.

El hecho de considerar un desafío como un problema o como una oportunidad determina en gran medida la forma en que lo afrontaremos.

BUSCA LOS PATRONES QUE SE REPITEN

Yo aprendía lentamente. Después de mi primer fracaso matrimonial, se podría decir que pensé detenidamente en lo que salió mal. Después de mi segundo fracaso de forma parecida, se podría decir que definitivamente lo analicé aun un poco más, pero que ocurriera por tercera vez ¡obviamente no era una coincidencia! No estaba aprendiendo nada de mis experiencias. Pensaba que era una víctima, que no tenía suerte y que me habían tratado muy duramente. No fue hasta después de leer *Usted puede sanar su vida* de Louise Hay cuando empecé a analizar lo que seguramente era obvio

Elige un lugar tranquilo y repasa tu vida para buscar patrones que se repitan: algunos te gustarán y otros no. Piensa en cuál es la creencia que motiva esas experiencias; pregúntate: «¿Qué asumía sobre mí mismo en esta circunstancia?». Anota las primeras ideas que se te pasen por la cabeza. Después, para descubrir las presunciones inútiles, hazte otra pregunta convirtiendo la creencia negativa en positiva. Por ejemplo, cuando yo pensaba que no era lo suficientemente buena me podría haber hecho esta pregunta: «Si supiese que soy lo suficientemente buena, ¿qué diría ahora mismo, qué haría en este mismo momento o dónde elegiría ir de vacaciones?».

para todos los demás. Esta autora tiene otro libro que en ese momento parecía absolutamente asombroso: ella se había curado de cáncer cambiando su forma de pensar, había asumido la responsabilidad plena de sí misma y de sus errores, algo que en ese momento de mi vida yo no había hecho en forma alguna. En mi caso, yo había alentado a los hombres a que me tratasen como si ellos supiesen más, ellos eran los jefes y tenían que tomar las decisiones importantes. Yo sólo estaba allí para apoyarles y cuidar de ellos y de la familia, eran ellos también los que controlaban el dinero, etcétera, etcétera. Lo que es más, ¡les culpaba a ellos cuando se equivocaban!

¡Y CÁMBIALOS!

Después de *Usted puede sanar su vida*, leí incontables libros del mismo tipo, en los que todos los autores decían más o menos lo mismo desde

diferentes perspectivas. Después pensé prolongada y detenidamente por qué estaba creando estas circunstancias en mi vida y, por primera vez, fui la auténtica dueña de mis propios errores. Empecé a darme cuenta de que todas mis experiencias en realidad me facilitaban información sobre mi mundo interior, la forma en que pensaba. Simplemente había decidido no escuchar. Ahora considero mis errores como oportunidades para aprender y me planteo cómo puedo cambiarme a mí misma en lugar de cómo puedo cambiar a los demás. Éste fue el punto de inflexión de mi vida y ahora me aseguro de preguntarme regularmente lo que de verdad quiero.

Pídele a alguien que te escuche y te apoye mientras piensas en tus experiencias. Prueba la idea 25, *Cuando los sentimientos nublan el pensamiento*.

Otra idea más...

«Siempre tienes la libertad de cambiar tu forma de pensar y elegir un futuro diferente o un pasado distinto».
RICHARD BACH, autor norteamericano

La frase

¿Cuál es tu duda?

P **Parte de esto tiene sentido, pero no me gusta la pregunta «¿Qué quiero realmente?». ¿No es ser tremendamente egoísta?**

R *Depende de cuáles sean tus valores. Yo creo que es mucho mejor ser claro y abierto acerca de lo que realmente quieres y de lo que sea mejor para ti. ¿No te ha ocurrido nunca que has preferido no decir lo que querías y después has estado resentido porque no han tenido tus sentimientos en cuenta? Si entre tus valores se encuentra querer y preocuparte por los demás, puedes seguir siendo sincero contigo mismo y con los demás y buscar una solución que satisfaga a todos.*

P **¿Pueden repetirse los patrones en aspectos completamente diferentes de mi vida? Parece ser que cometo errores parecidos en circunstancias completamente distintas.**

R *Sí, por supuesto que sí. Después de mis tres matrimonios estuve a punto de incluir mi Programa de liderazgo personal en la empresa de otra persona, de forma que pasara a ser parte de su cartera. El jefe quería que modificase el programa porque pensaba que no se vendería tal y como estaba. Yo sabía que como lo había diseñado era lo mejor para el cliente, pero el jefe tenía mucha más fuerza y conocimientos que yo. Estuve a punto de ceder, pero en el último momento decidí marcharme. Cuando repasé mi vida me di cuenta de que esto era una réplica exacta de lo que ocurrió en mis matrimonios. ¡Le permití a otro hombre convencerme de que él sabía más! Por el programa, tal y como lo diseñé, han pasado ya más de 9.000 personas: ¡se vendió y se sigue vendiendo!*

37

¿Quién soy?

Tus creencias sobre el papel que debes desempeñar en la vida pueden llevarte a sitios donde en realidad no quieres estar.

Cuando repaso las creencias que adquirí cuando era niña, me doy cuenta del grado de arraigo que tenían en mí. Años después, todavía se me siguen viniendo a la cabeza golpeándome de lleno.

LAS CREENCIAS MENOS ÚTILES

Recuerdo perfectamente a mi padre diciéndome cuando era una adolescente a la que no le interesaba lo más mínimo la cocina que debía ser una buena cocinera y tener siempre la comida lista para mi marido ¡o mi marido me abandonaría! Yo consideraba a mi madrastra el ejemplo perfecto de buena esposa: tenía la casa inmaculada, siempre colocaba flores en las habitaciones, hacía comidas deliciosas e incluso mermelada con frutas que ella misma cosechaba. También tengo recuerdos que no son tan gratos: pasarse horas sentada pelando y quitándoles el tallo a las grosellas, sacándoles los huesos a las cerezas y pelando las pasas. También recuerdo que siempre era mi padre el que se encargaba de todo el papeleo, pagaba las facturas y tomaba las decisiones sobre

161

Una buena idea...

Piensa en los aspectos de tu vida que te hagan sentirte presionado. ¿En qué campos intentas constantemente hacer demasiado y te sientes algo resentido por la presión a la que estás sometido o la forma en que los demás parecen tener expectativas poco realistas sobre ti? Pregúntate por qué has decidido hacer estas cosas y qué has asumido acerca de tu papel en estos aspectos. Después repasa los patrones de tu vida: ¿dónde has visto los comportamientos que ahora adoptas? ¿Estás completamente contento con estos comportamientos o son algo del pasado que te gustaría cambiar? Realiza las elecciones que sean necesarias para acercarte más a lo que piensas en la actualidad.

todos los asuntos importantes de la casa. Crecí con el firme convencimiento de que las mujeres debían cuidar a los hombres y de que ellos cuidaban de las cuestiones económicas. Lógicamente, hoy y ahora, ya no mantengo este punto de vista e intelectualmente no lo considero adecuado, pero ¿sigue influyéndome esta creencia de la infancia? Sí, a todas horas. Incluso hoy en día a veces le digo a mi pareja que se siente a descansar mientras yo hago la colada o intento sacar tiempo en mi apretada agenda para hacer la compra o la comida. ¡Mi pareja está prácticamente retirada y yo trabajo a tiempo completo! Además, a veces me siento culpable cuando veo las manzanas en el árbol porque no he tenido tiempo de recolectarlas para meterlas en conserva o hacer una mermelada.

EL CONFLICTO MENTAL

En estas ocasiones me hago a mí misma esta pregunta: «¿Qué estoy asumiendo?». La respuesta casi siempre es la misma, lo que me hace pensar que algunas creencias nunca desaparecen realmente y pueden regresar con la misma fuerza a menos que permanezcamos constantemente alerta. Mis creencias persistentes son que no soy lo suficientemente buena (tengo que demostrar permanentemente que soy lo suficientemente buena) y que el papel de la mujer en la vida siempre es ser madre, amante, esposa y apoyo constante. No deseo perder algunas de estas creencias porque, por ejemplo, a pesar de ser una exitosa mujer de negocios, sigo deseando conservar mi feminidad. Algunas de mis creencias han cambiado, otras se han ido para siempre, como la de que el hombre siempre tome las decisiones económicas. Esta creencia en particular ha desaparecido porque ahora tengo tal cantidad de evidencias que, en mi opinión, es absolutamente incierta.

Otra idea más...

Repasar tus ideales puede ayudarte a dilucidar si deliberada o inconscientemente te has apartado del camino como consecuencia de que alguna de tus viejas creencias se ha interpuesto. Repasa la idea 24, *Cumple tus sueños.*

La frase

«*Tú tienes el control de tu vida, así que no olvides nunca que eres lo que eres gracias a las elecciones conscientes e inconscientes que has realizado*».
BARBARA HALL

¿Cuál es tu duda?

P **Soy como tú y crecí en un ambiente parecido. La mayoría de mis amigos siguen viviendo así y yo me siento culpable porque ya no lo comparto. Lo gracioso es que mi marido me dice siempre que a él le parece bien que busque un trabajo y me dedique a lo que me haga feliz. ¿Cómo puedo dar el primer paso?**

R *Me parece que también tienes la creencia de que el cambio será sumamente difícil. Antes de hacer nada, crea tu ideal y después pregúntate «Si supiese que esto será fácil y divertido, ¿qué haría hoy como primer paso?». Siéntate a hablar con tu marido y dile que quieres hacer las cosas de otra manera y cuéntale por qué estás teniendo dificultades, que tus creencias te impiden avanzar. Pídele su apoyo y, cuando te domine el pánico, pídele que te haga la pregunta que te acabo de decir. Buena suerte. Yo lo hice, cuando tenía cincuenta años, ¡así que tú también puedes hacerlo!*

P **Si cambian las circunstancias, ¿no cambian automáticamente las creencias?**

R *Según mi experiencia, no. En una ocasión pensé que si cambiaba las circunstancias todo sería diferente, pero la creencia subyacente en mi mundo interior significaba que simplemente recreaba las mismas cosas otra vez: mis tres matrimonios prácticamente idénticos. Busca los campos en los que hay patrones repetitivos con los que no estás contento y busca un lugar tranquilo para hacerte las siguientes preguntas: ¿por qué creas estas situaciones? ¿Cuál crees que es tu papel en estas circunstancias? ¿Qué creencias tienes sobre la vida, el matrimonio, las mujeres trabajadoras, los hombres? Pronto descubrirás algunas creencias interesantes que arrastras.*

38

El amor es la respuesta

Cuando nos enamoramos de los pies a la cabeza es fácil pensar que este maravilloso sentimiento de euforia durará para siempre, pero luego el día a día va apartando este sentimiento.

Entonces solemos pensar que el amor se está acabando o que ha desaparecido por completo. Empezamos a desear que vuelva y si no lo hace podemos llegar a sentirnos desvalidos. Pero amar es un verbo y no simplemente una emoción.

TOMA EL MANDO DE TUS SENTIMIENTOS

Mientras estuve casada, mis pobres maridos no tuvieron ni la más mínima oportunidad. Yo esperaba que la vida fuese tan romántica como antes de casarnos y también esperaba que ellos siguieran haciendo las mismas cosas románticas y maravillosas que hacían antes. Pero la realidad fue que la ecuación no funcionó para que todas estas cosas que yo esperaba encajaran con los dos trabajando y seis hijos a los que cuidar. Cuando recuerdo estas etapas, me parece incluso más fascinante todavía que yo esperaba que ellos supiesen todo esto y que supiesen qué hacer porque creía que su papel en la vida era hacer que yo me sintiese querida.

Una buena idea...

Elabora una lista de las cosas que te gustaría que tu pareja hiciera para ti y después haz tú lo que puedas de esa lista para él. Observa qué ocurre y después de unos días pregúntale cómo se siente cuando haces esas cosas por él. Explícale con cariño el valor que tiene para ti vuestra relación y que sería mucha más maravillosa aún si él respondiera en reciprocidad. Haz estas cosas independientemente de cómo te sientas, no sólo cuando te sientas querido ya que así sería más fácil. Recuerda que amar es un verbo, y no simplemente una emoción. Hacer cosas por amor cuando no te «sientes» amado es un acto propio de una persona fuerte y comprometida.

Para que yo me sintiese querida, necesitaba que me dijesen con frecuencia que me amaban, que me regalasen flores, recordasen todas las cosas que me gustaban, me agarrasen de la mano cuando íbamos por la calle, me mirasen con cariño, recordasen los aniversarios, me hiciesen pequeños regalos por sorpresa, me abrazasen a la más mínima oportunidad, ...la lista es interminable. Si no hacían todas estas cosas yo no me sentía amada y les culpaba a *ellos*. Cuando empecé a pensar en ello realmente, me asusté porque había estado regalando mi fuerza. No asumía mi responsabilidad ni una pizca. De hecho les estaba haciendo saber que dependía de ellos que yo me sintiese querida y si no cumplían su función yo les culparía.

No me importa admitir que ésta fue una de las cosas que más que costó comprender, pero ahora no necesito nada de todo eso. Puedo sentirme amada en todo momento, puedo sentirme querida mientras lavo los platos, puedo sentirme querida cuando llamo por teléfono a uno de mis hijos para decirle cuánto le quiero y puedo sentirme querida cuando me dirijo a un grupo de cientos de personas.

ELEGIR EL AMOR ES LA MEJOR OPCIÓN

Elabora una lista de todas las cosas que tu pareja tiene que hacer para que te sientas realmente querido por ella. Si te sirve de ayuda, elabora también una lista de las cosas que hace que no te hacen sentirte querido y después busca sus opuestos positivos. Pregúntate qué posibilidades hay de que alguien pueda hacer por ti todas las cosas de la lista y plantéate quién es el auténtico responsable de cómo te sientes. Puedes pensar que es otra persona, pero ¿quién elige tus pensamientos? Tú mismo. Entonces, ¿por qué no cambiar tus pensamientos? Utilizando todos los medios posibles, hazle saber a tu pareja qué valores consideras que tienes y, en función de ellos, cómo te gustaría que te tratase porque crees que lo mereces, pero reserva tu fuerza para ti. En cuanto le dices a alguien que depende de él que seas feliz o que te sientas amado, le traspasas tu fuerza y pierdes el control. ¿Qué utilidad tiene esto? Comprométete a pensar cada mañana en una cosa que puedas hacer por ti mismo ese día para ayudarte a sentirte más querido y más cariñoso contigo mismo y con los demás, ¡y hazlo!

Otra idea más...

Puedes cambiar tu relación simplemente centrándote en lo que puedes *aportar* a la misma en lugar de en lo que puedes obtener de ella. Consulta la idea 1, *Tienes lo que te mereces.*

La frase

«Amar profundamente en una dirección nos hace más cariñosos en todas las demás».
ANNE-SOPHIE SWETCHINE, mística rusa

¿Cuál
es tu
duda?

P Todo esto me resulta muy difícil porque la mayor parte del tiempo siento que no cuento. Sin embargo, escribí una lista de cómo me gustaría que mi marido me tratase y cuando repasé con detenimiento lo que había escrito me sentí muy a disgusto porque me di cuenta de que yo casi no hacía nada de eso por él, aunque antes sí lo hacía. Cuando empecé a hacerlas de nuevo para él, se volvió más cariñoso conmigo después de la extrañeza inicial. Pero, ¿es posible mantener así la situación? ¿No se vuelve muy artificial?

R *¿Por qué motivo querrías dejar de hacer algo que funciona bien? Sin embargo, la vida siempre puede más y las cosas urgentes acaban siendo más importantes que las realmente importantes, pero asume la responsabilidad de seguir haciéndolo. Puedes ponerte de acuerdo con tu pareja para hacer lo que haga falta para recordaros que debéis mantener la situación, ya sea pegar una nota en el frigorífico o programar una alarma en el ordenador. También podéis pedirles a vuestros hijos que os ayuden y convertirlo en un juego de amor: a ver quién puede hacer las cosas más cariñosas pensando en los demás cada día.*

P ¿Dices en serio que cambiar tu forma de pensar es así de fácil?

R *No, por supuesto que no. Ojalá fuese fácil ya que así el mundo sería un lugar mucho más feliz y repleto de amor. El primer paso consiste en ser consciente de que tienes la oportunidad de cambiar cómo te sientes acerca de ti mismo y de tu vida. El segundo paso es ser el dueño absoluto de esta oportunidad, asumir el cien por cien de la responsabilidad de ti mismo y estar determinado a mantener este pensamiento de forma fiel y precisa. Sólo habrán de pasar unos días para que empieces a apreciar los cambios positivos; cuando compruebes que este proceso funciona cada vez te resultará más fácil aumentar tu nivel de compromiso.*

39

¡Cuidado con lo que dices!

La comunicación no es tan fácil como podríamos pensar ya que para cada uno las palabras significan cosas diferentes. Cuando queremos estar en desacuerdo con alguien tenemos que centrarnos en el resultado que queremos obtener.

El desacuerdo es saludable. La crítica constructiva es útil. A menos que podamos desafiar los pensamientos de otra persona, nunca podremos alcanzar ideas creativas.

EL CÓMO Y EL POR QUÉ

Podemos tener una opinión diferente de la de los demás por muchas y variadas razones, por ejemplo, porque tenemos más experiencia, más información, más intuición o más habilidad. Sería sorprendente que siempre estuviésemos de acuerdo con las ideas de otra persona. En algunas ocasiones nuestra opinión es válida y en otras no, como por ejemplo cuando se fundamenta en cuestiones emocionales o en experiencias negativas. Pero ¿es adecuado y correcto expresar nuestras opiniones? Por supuesto que sí. ¿Qué sentido tiene que no digamos lo que pensamos o sentimos cuando formamos parte de una reunión o grupo de discusión?

Una
buena
idea...

Analiza una situación que hayas vivido con otra persona en la que hayan salido mal las cosas y haya habido malas vibraciones a causa de una idea que se estaba discutiendo. Lo mejor es disculparse, aunque creas que la culpa no es tuya, y hacer saber que te gustaría volver a considerar la idea. Deja de lado tus sentimientos hacia la otra persona y céntrate en su idea. Escucha atentamente y haz todo lo posible por entenderle; hazle preguntas para aclarar las cosas y para conocer las experiencias que ha vivido y que le han llevado a hacer esa sugerencia. Asegúrate de que cualquier desacuerdo tiene que ver con la idea, no con la persona. Continua hasta que las cosas queden resueltas o al menos hasta que comprendas perfectamente por qué defiende tanto su sugerencia. No olvides agradecerle una experiencia tan útil.

Por ejemplo, imagina que estás hablando con el resto de tu familia sobre dónde iréis de vacaciones y todo el mundo se inclina por un lugar determinado de Francia. Pero resulta que tú sabes, porque lo has leído en los periódicos, que en ese preciso lugar se celebra un congreso muy numeroso justo en la misma fecha. Si no muestras tu disconformidad y compartes la información, es probable que os encontréis con que el sitio está repleto de hombres de negocios, el tráfico sea una pesadilla y haya un ruido insoportable por la noche porque todos los clubes nocturnos estén abiertos hasta altas horas de la madrugada. Por lo tanto, mostrar tu desacuerdo puede ser útil y necesario.

Lo que cuenta es cómo lo haces. El truco consiste en mantenerse centrado en el tema, así que en nuestro ejemplo una forma práctica y constructiva de mostrar tu disconformidad con el lugar elegido para las vacaciones sería: «Me encanta la idea de ir a Francia porque cumple la mayoría de nuestros requisitos, pero no me gusta el sitio porque…». Por el contrario, supón que dices algo como: «¿Por qué siempre se os ocurren esas ideas tan estúpidas? ¿Es que no habéis leído los periódicos últimamente? ¿No sabéis que en esa época se celebra un gran congreso? Estáis tontos». Has perdido de vista el asunto en cuestión y en su lugar te centras en las personas. ¿Y cuál será probablemente la reacción? «¿A quién llamas tonto? ¿Y qué pasa con ese artículo del periódico que no leíste hace poco y por culpa de esto nos hiciste parecer tontos delante de mi jefe en esa fiesta a la que fuimos juntos?». La otra persona se ha puesto a la defensiva como consecuencia de tu ataque hacia los demás y, por lo tanto, siente la necesidad de devolvértela. Al final, no se ha conseguido nada.

Consulta la idea 23, *¿Hablamos el mismo idioma?*, o la idea 47, *El reloj de arena*, para repasar la importancia de intentar comprender las motivaciones de los demás antes de pretender imponer tus ideas.

Otra idea más...

¿QUÉ UTILIDAD TIENE ESTO?

He podido observar esto muy a menudo, tanto en el trabajo como en casa. Cuando la gente considera que su valor como ser humano y como contribuyente está amenazado va derecho a la yugular y parece pensar que esto producirá un resultado positivo. A nadie le gusta que le ataquen a nivel individual. Si atacas verbalmente a otra persona probablemente responderá de una de las dos siguientes formas: o bien se retirará y no volverá a realizar ninguna otra contribución, intentando quizá sabotear la idea o emprender una acción posterior, o bien contraatacará con una respuesta más dura y rápida. Por el contrario, mostrar desacuerdo con las ideas de otras personas de forma adecuada, sobre todo si escuchas y apoyas las buenas ideas que expresen, es absolutamente útil y así pueden comprender rápidamente que esto es constructivo y sirve de ayuda. Es probable que esto les anime a responder de la misma forma y surjan nuevas ideas como consecuencia.

«Es mejor debatir una cuestión sin plantearla que plantear una cuestión sin debatirla».
JOSEPH JOUBERT, filósofo francés

La frase

171

¿Cuál es tu duda?

P   **Una de mis compañeras se enfrenta a todo el que no está de acuerdo con ella. Incluso su jefe parece no saber por dónde se anda y no sabe cómo tratarla, sobre todo porque ella tiene mucha fuerza y es muy elocuente. ¿Puedes ayudarme a saber cómo tratarla?**

R   *Se me eriza el vello de la nuca al leer esto ¡porque parece que estés hablando de mi último marido! Puedes preguntarle a tu compañera cómo se reciben sus ideas y cuánto apoyo muestran los demás a sus sugerencias. Según mi experiencia es poco probable que este comportamiento suscite otra cosa que no sean más conflictos. Sugiérele que tú puedes encontrar otra forma más positiva para que los demás acepten y secunden sus ideas. Después pídele que lea esta idea. Ayúdala a centrarse en el resultado que quiere conseguir y no en una aceptación con intimidación de sus ideas y de ella misma.*

P   **Mi pareja me hace esto constantemente y yo reacciono muy mal. Parece que siempre estamos discutiendo. ¿Cómo puedo romper esta dinámica?**

R   *Tienes razón en que se trata simplemente de romper la dinámica. Por el momento te encuentras en un círculo sin salida: él te dice algo desagradable, tú respondes, él te dice algo más desagradable todavía, tú respondes, y así sucesivamente. Contesta de otra forma para romper el patrón; puedes preguntarle si hay algo más que piense o sienta sobre el asunto en cuestión y después respóndele con algo positivo o discúlpate por ponerle nervioso y dile que prefieres volver al asunto que estabais tratando, o dile que entiendes lo que piensa y siente pero que tú lo ves de otra forma diferente. Recuerda que nadie puede hacer que te enfades o disgustes sin tu permiso. Depende de ti.*

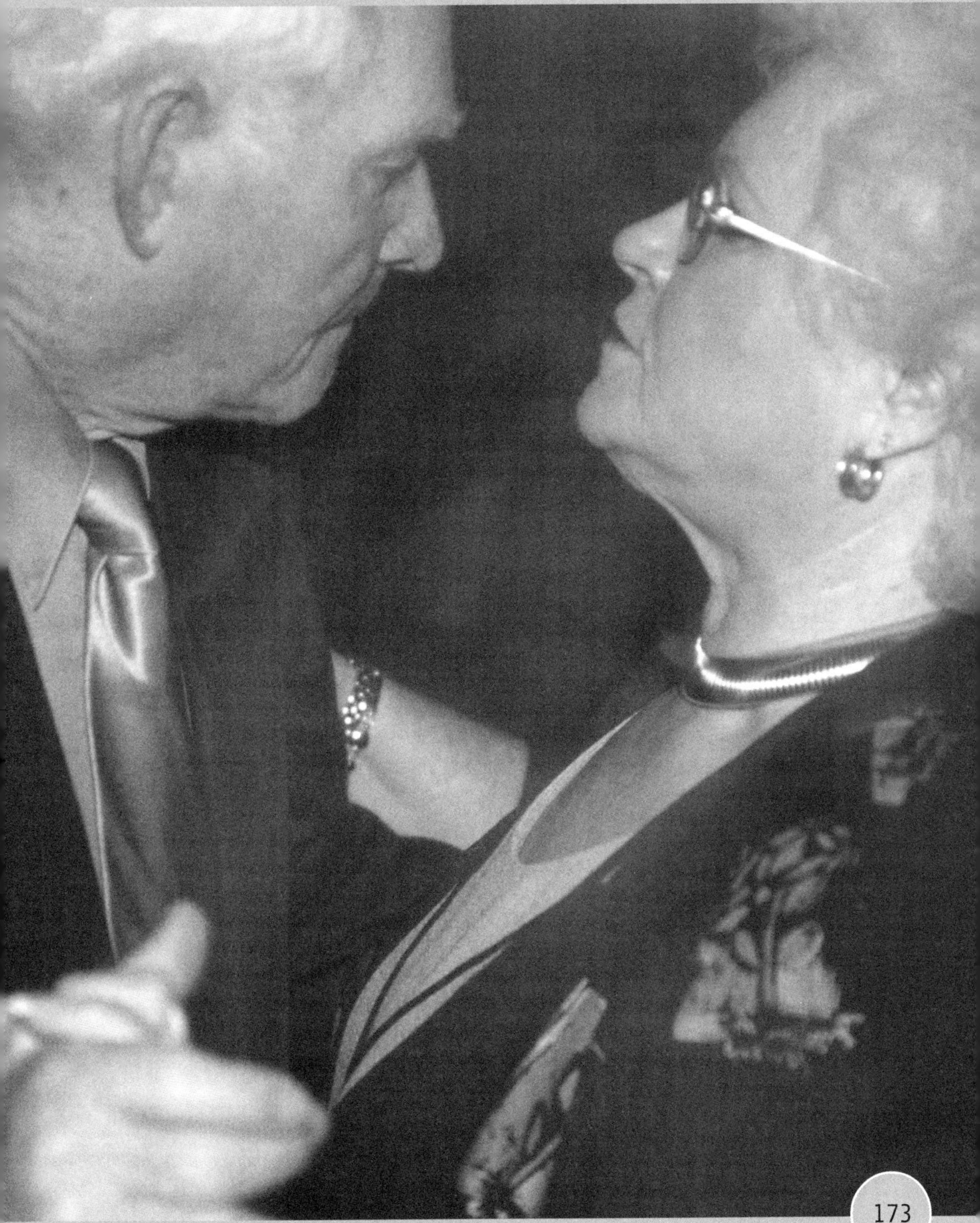

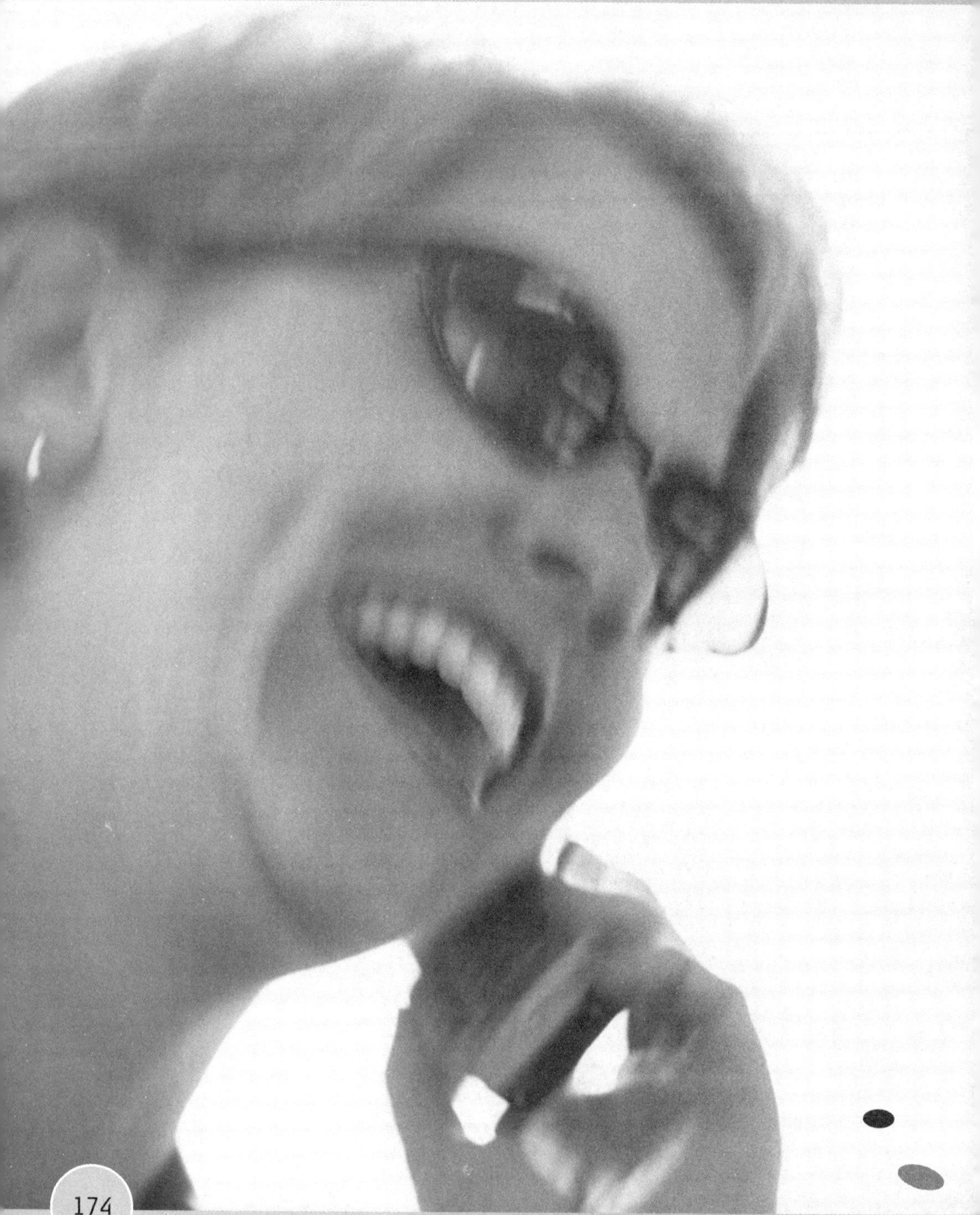

40

Sonríe, por favor

Nosotros mismos elegimos cómo pensamos y no tenemos que dejarnos llevar por las emociones.

El hecho de ser conscientes de que podemos elegir ser felices cuando queramos tiene una fuerza increíble.

Yo antes me pasaba una gran parte de mi vida estresada e infeliz, siempre preocupada por el mañana y por las cosas que había hecho o dejado de hacer ayer.

LA FELICIDAD ES UNA ELECCIÓN

Así lo dice el autor y orador Robert Holden y, adivina, ¡tiene toda la razón! Cuando inicié mi camino de crecimiento real tuve que realizar una profunda búsqueda en mi alma. Una de las cosas que debía preguntarme era por qué me sentía tan estresada o deprimida con tanta frecuencia. La respuesta fue evidente: se debía a que yo elegía sentirme así. Al fin y al cabo, soy yo quien elije mis pensamientos, nadie más. No podía obviar este hecho, por duro que me resultara aceptarlo.

Piensa en alguna tarea que no te guste nada realizar. Puede tratarse de algo parecido a una de mis obligaciones diarias que no me gusta demasiado: tengo siete perros y todos los días tengo que realizar un trabajo en el jardín que yo llamo «búsqueda de caquitas». Después decide cómo vas a sentirte acerca de esta tarea. Puedes pensar en lo bonito que quedará el jardín cuando termines y en lo feliz que esto te hará. También puedes pensar en la alegría y felicidad que los perros aportan a tu vida. Sea cual sea la tarea en la que pienses, elije ser feliz durante cada uno de los minutos en que la estés realizando.

En este preciso momento, me encuentro aquí sentada escribiendo este libro con un propósito muy claro. El sol brilla fuera, estoy agotada por culpa de una agenda de trabajo ridícula y la bañera llena de agua caliente me llama a gritos. No me resulta fácil elegir estar contenta en este momento, pero si no elijo ser feliz me resultará mucho más difícil escribir este capítulo y tardaré más tiempo en terminarlo. ¡Así que elijo la felicidad!

Recuerdo claramente el día en que una amiga y colega me llamó para decirme lo ilusionada que estaba porque le acababan de ofrecer un trabajo en Bruselas. Estaba loca de alegría pero me dijo que no sería completamente feliz hasta que no estuviera allí y hubiese dejado su trabajo actual. Le pregunté por qué había elegido aplazar su felicidad hasta que llegase a Bruselas en lugar de alegrarse aunque fuese un poquito en ese mismo momento. Guardó silencio un rato y después dijo: «Nunca he considerado las cosas desde esa perspectiva. Tienes razón, puedo elegir sentirme feliz justo ahora, y me siento feliz».

¿Cuántas personas conoces que dicen que serán felices en cuanto tengan su coche nuevo, su nuevo empleo o su nueva casa? Pero ¿qué ocurre cuando tienen su coche nuevo? Les encanta durante un tiempo, pero en cuanto se aburren de él y sacan al mercado un nuevo modelo más rápido y flamante vuelven a decir «¡Seré feliz cuando consiga ese coche nuevo!». Lo que hacen es emplazar la felicidad fuera de sí mismos, en un objeto de cualquier tipo. Pero no es ahí donde reside la felicidad. La felicidad reside en nuestro interior y todo lo que necesitamos para ser felices es elegir serlo.

Consulta la idea 1, *Tienes lo que te mereces*, para recordar la felicidad que representa dar a los demás.

Otra idea más...

¿QUÉ ELIJES?

Cuando estás en casa, ¿miras por la ventana y observas una vista maravillosa o ves las ventanas sucias? Si entras en casa de otra persona, ¿te fijas en los preciosos cuadros que cuelgan de las paredes o te fijas en el desorden que reina en la habitación? Tienes que elegir en qué vas a centrarte. Seguramente no te resultará fácil ser una persona feliz si siempre buscas las cosas negativas en lugar de las positivas. Recuerda que si dices constantemente «Seré feliz cuando…» en realidad estás eligiendo mantener tu vida en un estado de «infelicidad» hasta que alcances ese destino denominado «felicidad». Sin embargo, una vez que domines completamente tus pensamientos y cómo te sientes, puedes elegir la felicidad en todo lo que hagas.

«*La mayor parte de las personas son tan felices como maquillen sus mentes para serlo*».
ABRAHAM LINCOLN

La frase

¿Cuál
es tu
duda?

P   **No puedo creer que siempre hayas podido ser feliz. ¿Qué pasó
cuando murió tu hijo? ¿Cómo lo superaste?**

R   *Desde luego que no fui feliz en esa época. Estaba conmocionada y derrotada
y a veces sentía que mi propia vida se había acabado. Sin embargo, me
concedí un tiempo para llorar mi pena y después empecé de forma consciente a hacer algunas cosas y a decirme a mí misma que durante esos instantes
era feliz, como cuando paseaba con mis perros por los alrededores del lago.
Día tras día empecé a disfrutar de más momentos de felicidad y así fue como
me repuse de nuevo. Sabía que a menos que lo hiciera no serviría de nada a
mis otros hijos o a mí misma.*

P   **Al leer esto me he dado cuenta de que sitúo la felicidad fuera de
mí casi todo el tiempo. Puedo encontrar la felicidad en mi trabajo, mi coche, mi relación si va bien y cuando la gente es amable
conmigo. ¿Me resultaría fácil darle la vuelta a esta situación?**

R   *Inicialmente a mí me resultó difícil. ¡Siempre se me olvidaba! Pero una vez que
fui consciente de que era infeliz por lo general cuando recordaba algo del
pasado o me preocupaba por lo que ocurriría en el futuro, lo que más me
ayudó fue vivir conscientemente el momento presente. Literalmente, tenía
que centrar constantemente mi atención en cómo me sentía en cada momento, pero cuando lo hacía casi siempre me resultaba fácil sentirme feliz.*

41

Hoy puede ser un gran día

Todos los días se nos presenta la oportunidad de tener un nuevo principio y decir: «Hoy puedo decidir cómo pensar y sentirme en todos y cada uno de los momentos».

¿A qué dedicas cada día? ¿Qué buscas? ¿Elijes quejarte de las cosas o te regocijas con todas las cosas maravillosas que tienes en la vida?

TEN CUIDADO CON LO QUE BUSCAS ¡PORQUE PUEDES ENCONTRARLO!

Durante la mayor parte de mi vida me sentí frustrada por cosas que ocurrían a diario. Por ejemplo, el intenso tráfico que me hacía llegar tarde a las citas, el peluquero que me cortaba mal el pelo, mi marido que nunca me regalaba flores, los niños que desordenaban la casa que después yo tenía que limpiar, la pérdida de una venta que tenía que haber conseguido o mi mejor amiga que no me apoyaba cuando me quejaba de toda mi vida. Cuando miro hacia atrás, me parece patético lo fácil que me resultaba ver mi vida repleta de problemas por todas partes. Pero lo más triste de todo es que no veía o apreciaba las numerosas cosas que tenía. Si, incluso en las épocas más difíciles de mi vida, alguien me hubiese pedido que anotara las cosas que realmente apreciaba habría incluido a mis seis hijos, mi fuerte salud y energía, la cantidad de amigos estupendos, tener un techo sobre mí y ganar suficiente dinero para pagarlo, comer bien y

Comprométete a hacer el siguiente ejercicio todas las noches: enumera sesenta cosas por las que debas estar agradecido ese día. Esto puede parecerte algo imposible, pero inténtalo de todas formas. Puedes ir aumentando la cantidad de forma gradual: diez cosas el primer día, quince el segundo y así sucesivamente. También puedes empezar a pensar en las cosas antes de que llegue la noche, o incluso nada más despertarte por la mañana. Curiosamente, se producirá un cambio gradual en lo que piensas y te acabarás dando cuenta de que cuanto más piensas en cosas buenas, más cosas buenas aparecen.

no pasar hambre nunca, haber tenido algunas experiencias vitales estupendas, tener un coche que me lleva de forma segura desde A hasta B, tener gente que me quiere, tener clientes que me estiman, influir un poco en la vida de mucha gente, no estar sola nunca, tener la oportunidad de probar muchas cosas diferentes… La lista hubiese sido interminable, pero di todas estas cosas por sentadas.

¿Con qué frecuencia consideras cada día como una bendición? ¿Con qué frecuencia aprecias el hecho de haberte despertado y de estar en este mundo para disfrutar de otro día más? ¿Qué proporción de nuestra vida asumimos que es nuestra por derecho, sin pararnos a pensar en las maravillosas oportunidades que tenemos en realidad? Cuando no termino la comida que hay en el plato siempre me acuerdo de cuando mis padres me decían: «Termínatela. Piensa en toda la gente que se muere de hambre en África». Yo no tenía ni idea de qué estaban hablando, sólo recuerdo que pensaba: «Bueno, ¡pues que se la queden!».

ENTONCES ¿A QUÉ DEDICAS TU ATENCIÓN?

¿A qué dedicas tus esfuerzos y qué utilidad tienen? Cuando empecé a darme cuenta de en qué centraba mi atención hice un gran esfuerzo por cambiar mi forma de pensar. Sabía que no estaba viviendo mi vida concediéndole importancia a todos y cada uno de los días. No creo ni siquiera que estuviera viviéndola conscientemente: simplemente veía los días pasar sin pensar ni tan siquiera en las bendiciones que tenía a mi disposición a cada momento. En una ocasión oí una frase que quisiera compartir contigo: «Aquello a lo que prestas atención se expande; aquello a lo que no prestas atención se debilita y muere». No recuerdo dónde la escuché, pero bien pudiera ser de Wayne Dyer, al que considero uno de los grandes maestros del desarrollo personal. Si prestas atención a las cosas buenas de la vida podrás encontrar muchas más cada día.

¿Cómo puedes ayudar a tu familia, amigos y compañeros a ser más positivos? Consulta la idea 10, *¡Trabaja en equipo!*

Otra idea más...

«Estoy determinada a ser alegre y feliz, sea cual sea la situación, porque he aprendido de la experiencia que en su mayor parte nuestra felicidad o desgracia depende de nuestra disposición y no de nuestras circunstancias».
MARTHA WASHINGTON, Primera Dama de los EE.UU.

La frase

¿Cuál
es tu
duda?

P **¿Cómo puedo apreciar las cosas positivas si toda mi vida es un desastre de principio a fin?**

R *Lo primero que debes tener en cuenta es que probablemente llevas pensando así desde hace mucho tiempo y por lo tanto sólo prestas atención a los aspectos negativos, con lo que seguramente crearás cada vez más situaciones de este tipo. En pocas palabras, fíjate en otras cosas y todos los días presta atención a un par de cosas positivas. Después aumenta la cantidad a cuatro y así sucesivamente. Intenta hacer este ejercicio y cuéntame cómo te ha ido. Después de dejar a mi último marido mi vida era un auténtico desastre: sin marido, sin dinero, llena de deudas y sin nada con que pagar las facturas, la muerte de mi segundo hijo, sin confianza en mí misma, sin habilidades profesionales que yo pudiera apreciar, sin formación en ningún campo. Me las apañé para cambiar mi forma de pensar, así que tú también puedes hacerlo.*

P **Me resulta muy difícil vivir el momento. Siempre estoy preocupado por lo que ocurrirá mañana. Me hago creer a mí mismo que de esta forma soy más eficaz ya que soy un planificador empedernido. ¿Me estás diciendo que debería planificar menos?**

R *No necesariamente, pero busca el punto medio. Si te centras constantemente en el mañana es ahí en realidad donde te encuentras. Recuerda que lo más valioso que tienes es el tiempo. ¿De verdad quieres vivir tu vida renunciando a este bien? Cuanto más puedas vivir el presente, que es donde reside tu fuerza, más cambios podrás crear. No puedes crear cambios en el futuro ni en el pasado.*

42

Todo el mundo es influyente

Sea cual sea el papel que desempeñas (jefe, amigo, padre o colega) en el mismo momento en que te encuentras en una posición desde la que puedes influir sobre otra persona estás, en realidad, liderando.

Creo que la marca diferenciadora de un liderazgo sobresaliente no es solamente lo buen líder que se sea, si no cuántos líderes puedes crear. Muchas personas hacen bien lo primero pero, según mi experiencia, pocas consiguen hacer lo segundo.

LUCHAR POR CONSEGUIR UNA EMPRESA EQUILIBRADA

¿Qué debemos tener en cuenta si queremos crear una empresa de alto rendimiento? Pues necesitamos un equilibrio entre dos aspectos. En primer lugar debemos tener una idea clara de para qué estamos aquí, dónde queremos llegar, cuál es nuestro producto, en qué mercado queremos vender, qué beneficios deseamos obtener, a qué cultura aspiramos, cómo nos gustaría que nos considerasen, qué estrategia nos llevará hasta allí, qué estructura y sistemas requiere esta estrategia, etcétera. Por otra parte, también necesitamos personas con la experiencia, conocimientos y capacidades necesarias y con la energía, grado de compromiso y actitud apropiada. Conseguir el equilibrio correcto requiere una negociación. Los empleados solicitan información suficiente, recursos, apoyo y

Deja de decirle a tus hijos lo que tienen que hacer. Pregúntales qué quieren de verdad y después pídeles que te digan cuáles creen que son las ventajas y los riesgos que implica. Si no quieren hacer las tareas del colegio, pregúntales cuáles serán las consecuencias si no las hacen y cuáles las ventajas si las hacen. Luego pregúntales si están preparados para asumir toda la responsabilidad del resultado de lo que decidan hacer. Déjales que decidan ellos mismos. Si deciden no hacer las tareas y al día siguiente se quejan de las consecuencias negativas, sonríeles y diles que tomaron una decisión consciente y pregúntales qué han aprendido de esta lección.

libertad para realizar su trabajo, y la empresa accede pero necesita asegurarse de que tiene la medida correcta para tener la certeza de que hacen lo que deben, venden los productos adecuados al precio adecuado, trabajan las horas que sean necesarias, etcétera. Si se consigue alcanzar el equilibrio perfecto, es casi imposible no lograr crear una empresa de alto rendimiento.

Sin embargo, ¿con qué frecuencia se alcanza este equilibrio en realidad? A veces la balanza se inclina a favor de los empleados, pero en la mayor parte de las ocasiones lo hace a favor de la empresa. Piensa en una empresa en la que trabajan grandes profesionales que tienen la libertad de ganar grandes cantidades de dinero para la empresa y son en consecuencia profesionales de éxito. Por desgracia, cuando se encuentran con un problema, el sistema no es lo suficientemente eficaz para solucionarlo rápidamente. ¡Seguro que has oído hablar de un banco llamado Barings! Ahora imagina el extremo opuesto. Una empresa atraviesa tiempos difíciles así que se aprietan el cinturón y deciden despedir a la gente. Además realizan una reestructuración y mejoran los sistemas con la esperanza de que estas iniciativas harán que la gente se comporte de forma diferente. Por desgracia, la realidad es que los empleados se sienten nerviosos y ven sus puestos de trabajo amenazados, no están seguros sobre cuál es el nuevo método de trabajo y, como saben que los pueden despedir si se equivocan, intentan continuamente hacer las cosas como antes. Muchas de las empresas que han puesto en práctica estos cambios acaban preguntándose por qué sólo han alcanzado el éxito parcialmente.

EL LIDERAZGO EN EL HOGAR

¿No ocurre lo mismo en nuestras casas? Con nuestros hijos, ¿no intentamos constantemente conseguir el equilibrio adecuado entre normas y libertad? ¿No intentamos por todos los medios que los «sistemas» y «estructuras» sean los adecuados para que la familia funcione de forma eficaz? Piensa en lo que hacemos cuando nos vemos sometidos a presión, como por ejemplo cuando nuestros hijos no hacen sus tareas o cuando llegan tarde a casa noche tras noche los días de diario. Imponemos nuevas «normas» y «regulaciones», pero ¿qué resultado producen? Seguramente son menos efectivas de lo que nos gustaría así que acabamos creando cada vez más normas.

¿Cómo podemos manejar esta situación? Hacemos que los demás fundamentalmente cambien su forma de pensar y que comprendan el sentido de la responsabilidad. Imagina que tu hija te dice que no va bien en matemáticas porque tiene una mala profesora. Si asumiese toda la responsabilidad para aprender matemáticas, el hecho de tener una buena o mala profesora no sería relevante. Sería capaz de encontrar una forma de estudiarlas independientemente de su profesora actual.

Para ser un líder que cree otros líderes tenemos que cambiar nuestra forma de comunicarnos, debemos dejar de lado los consejos y empezar a preguntarles a los demás cómo les ha ido con sus propios asuntos. Tenemos que hacer que los demás asuman la responsabilidad plena de sus propias vidas. Por lo tanto, para ayudar a los demás a cambiar, primero tenemos que cambiar nosotros mismos.

El hecho de comprender mejor el poder de la comunicación nos ayuda a asumir más responsabilidad. Consulta la idea 16, *¡Por favor, déjame pensar!*

Otra idea más...

«Un líder es aquel que puede llevar a los demás a donde no creen que puedan llegar».
BOB EATON

La frase

¿Cuál
es tu
duda?

P Ahora me doy cuenta de que mis creencias sobre el liderazgo consistían en decirle a los demás qué debían hacer para después servirles de inspiración. Tu primer comentario me ha llegado de lleno: soy un buen líder pero sé que muchas cosas se descuidan cuando yo no estoy. ¿Hay alguna forma rápida de que la gente asuma su responsabilidad?

R *Puedes conseguirlo rápidamente, pero sólo si logras transmitirles a los demás qué significa la responsabilidad, por qué es importante y en qué les beneficia. Cuando estén todos juntos aprovecha la oportunidad para explicarles cuál crees que es el papel de un líder y después pregúntales qué puedes hacer para que ellos sean unos líderes eficaces. Otórgales la responsabilidad de decirte qué necesitan para ello y después sigue sus recomendaciones porque son ellos los que poseen la solución.*

P Mi hijo parece incapaz de saber qué es lo mejor para él. ¡Sería desastroso si yo dejase de decirle lo que debe hacer! ¿Qué puedo hacer?

R *Te sugiero que le dejes hacer lo que necesite hacer. Si se equivoca, esto le servirá de lección, sobre todo si tú le ayudas a analizar el resultado desastroso sin darle consejos. Yo solía resolverles todos los problemas a mis hijos cuando eran pequeños y como consecuencia seguían pidiéndome ayuda para solucionar sus problemas cuando eran jóvenes adultos. ¿Pero qué hacían si no me tenían a mano? Fui tonta por no enseñarles a valerse mejor por sí mismos y me está costando bastante tiempo reeducarlos. ¡Pero lo peor de todo es que a pesar de todo lo que sé y enseño ahora todavía siento la tentación de caer en la misma trampa!*

43

¡Qué mundo éste!

Las influencias externas condicionan nuestro pensamiento y nos hacen elaborar creencias inconscientes que pueden influir en nuestras reacciones ante los demás y ante las situaciones. Debemos ser conscientes de cuáles son nuestros condicionamientos y creencias para conseguir pensar adecuadamente.

Las influencias externas provienen de muchas fuentes, incluidas nuestras familias, profesores, amigos, religión, gobiernos y medios de comunicación, de hecho, de cualquier persona y situación que afrontamos.

ESTÍMULO Y RESPUESTA

¿Qué piensas de alguien que ha asistido a un colegio privado? Pueden darse varias respuestas a esta pregunta, que varían desde las positivas, como «bien educado», «con cultura» o «pensador lógico», a las menos positivas, como «pijo», «snob», o «arrogante». Por lo general, la mayor parte de la gente daría una combinación de los dos tipos como respuesta. Estas respuestas reflejan el hecho de que hemos creado un estereotipo de una persona que ha asistido a un colegio privado, lo que implica que corremos el terrible peligro de actuar en función de ese condicionamiento cuando tengamos contacto con dicha persona, hasta tal punto que podemos incluso discriminarlo.

*Una
buena
idea...*

Busca los condicionantes de tus propias actitudes. Analiza lo que piensas de las personas la primera vez que las ves. Piensa en alguien por quien sientas poco aprecio; puede que existan algunos condicionantes que afecten a tu opinión de ella. Los condicionamientos con frecuencia nos impiden escuchar lo que la otra persona dice realmente, ya que filtramos sus palabras a través de nuestros prejuicios. La próxima vez que hables con esa persona escucha atentamente lo que dice: puedes sorprenderte con todo lo que descubrirás sobre ella.

En uno de mis cursos me encontré con un ejemplo perfecto de este comportamiento discriminatorio. Un señor tenía unas sólidas creencias sobre las calificaciones académicas. Oyéndole hablar creerías que alguien que no tuviera estudios es que no había trabajado lo suficiente, no era inteligente y no estaba interesado en mejorarse a sí mismo. Se negaba completamente a escuchar opiniones contrarias al respecto. Al final del programa de tres días de duración, le pregunté qué le había parecido el curso. Él contestó: «Increíble, probablemente uno de los mejores programas que he seguido. He aprendido mucho, me ha aclarado un montón de malos entendidos y como resultado soy un líder mejor». Le dije que estaba encantada y después le pregunté cómo se sentiría si le dijese que yo no tenía estudios. Me dijo que no me creería y yo le respondí que era cierto y que me habían expulsado prácticamente de todas las escuelas a las que había asistido; desde entonces había hecho algunas cosas pero no tenía calificaciones tal y como él las entendía. Llegados a este punto, tuvo que replantearse la creencia que llevaba siendo el centro de su pensamiento durante tantos años. Después admitió que no podía mirarme directamente los ojos y decirme que yo no era una persona inteligente que no quería aprender. El hecho de que yo no tuviese estudios echó por tierra sus creencias.

LOS PELIGROS POTENCIALES DE LOS CONDICIONAMIENTOS

La idea 35, *¡Supérate!*, analiza cómo librarnos de algunos de los condicionamientos y creencias que limitan nuestras aspiraciones.

Otra idea más...

¿A cuántas personas había perjudicado este hombre en su trabajo y vida social? ¿Cuántas experiencias enriquecedoras se había perdido por despreciar a la gente sin estudios? Las creencias pueden ejercer una gran fuerza a menos que seamos conscientes de ellas y las afrontemos. Puede que tú en concreto no tengas ningún problema a este respecto, pero piensa en la gente que tienes alrededor. Por ejemplo, piensa en cuántos de tus colegas masculinos limitan el potencial de sus compañeras a causa de condicionamientos que les conducen a creencias tales como: los hombres son mejores que las mujeres, a las mujeres sólo les interesa en realidad llevar su casa y tener hijos, en cuanto surge un problema las mujeres se quedan en casa y abandonan el equipo, las mujeres no son tan fuertes como los hombres así que éstos deben tomar las decisiones importantes, los hombres no deben esperar demasiado de las mujeres, los hombres pueden hacer como que escuchan las mujeres pero en realidad ellos saben más.

Mis creencias acerca de mí misma (que no era lo suficientemente buena, mi papel en la vida es apoyar a mi marido, el hombre se encarga de los asuntos económicos así que le doy todo mi dinero, en último caso el hombre toma las decisiones importantes, yo me quedo en casa mientras el hombre sale a ganar dinero, si el hombre no está contento es por mi culpa) me mantuvieron retraída durante años. Son demasiadas como para mencionarlas ahora y además ¡probablemente aún no las he descubierto por completo!

«Lo que los demás perciben de nosotros depende que cómo sean las cosas en nuestro interior».
PARK COUSINS

La frase

¿Cuál
es tu
duda?

P **Me gusta hacer deporte y, aunque mi mujer me considera un hombre bastante sensible, está convencida de que los hombres con los que comparto esta afición son chovinistas y se niega a tener nada que ver con ellos. Esto supone que nunca puedo convencerla para que asista a alguno de los actos sociales en mi club deportivo. ¿Cómo puedo convencerla de que lo haga?**

R *Parece como si tu mujer hubiese conocido en el pasado a algún chovinista que practicaba deporte y llegó a la firme conclusión de que todos son iguales. Quizá deberías organizar algún acto social con tus compañeros de deporte en algún sitio que no sea el club y en el que participen otros amigos para que pueda conocerlos en un entorno que le resulte menos amedrantador.*

R **Dirijo un curso sobre aspecto físico para directivos mayores. Uno de los aspectos que trabajo con ellos de forma individual es qué piensan que su aspecto dice sobre ellos; de esta forma compruebo que presentan la imagen que creen adecuada. No trato este asunto con las mujeres porque en una ocasión dos de ellas lo consideraron como un asunto personal y se enfadaron. ¿Se trata de un condicionamiento de las mujeres o mío?**

R *Probablemente es un condicionamiento de las mujeres. Seguramente han percibido que los hombres piensan que el aspecto de las mujeres es importante en un mundo de hombres. Quizá te sería de utilidad decirles que también tratas este asunto con los hombres y el hecho de proporcionarles un ejemplo de cómo ha ayudado a sus compañeros puede suavizar sus condicionamientos.*

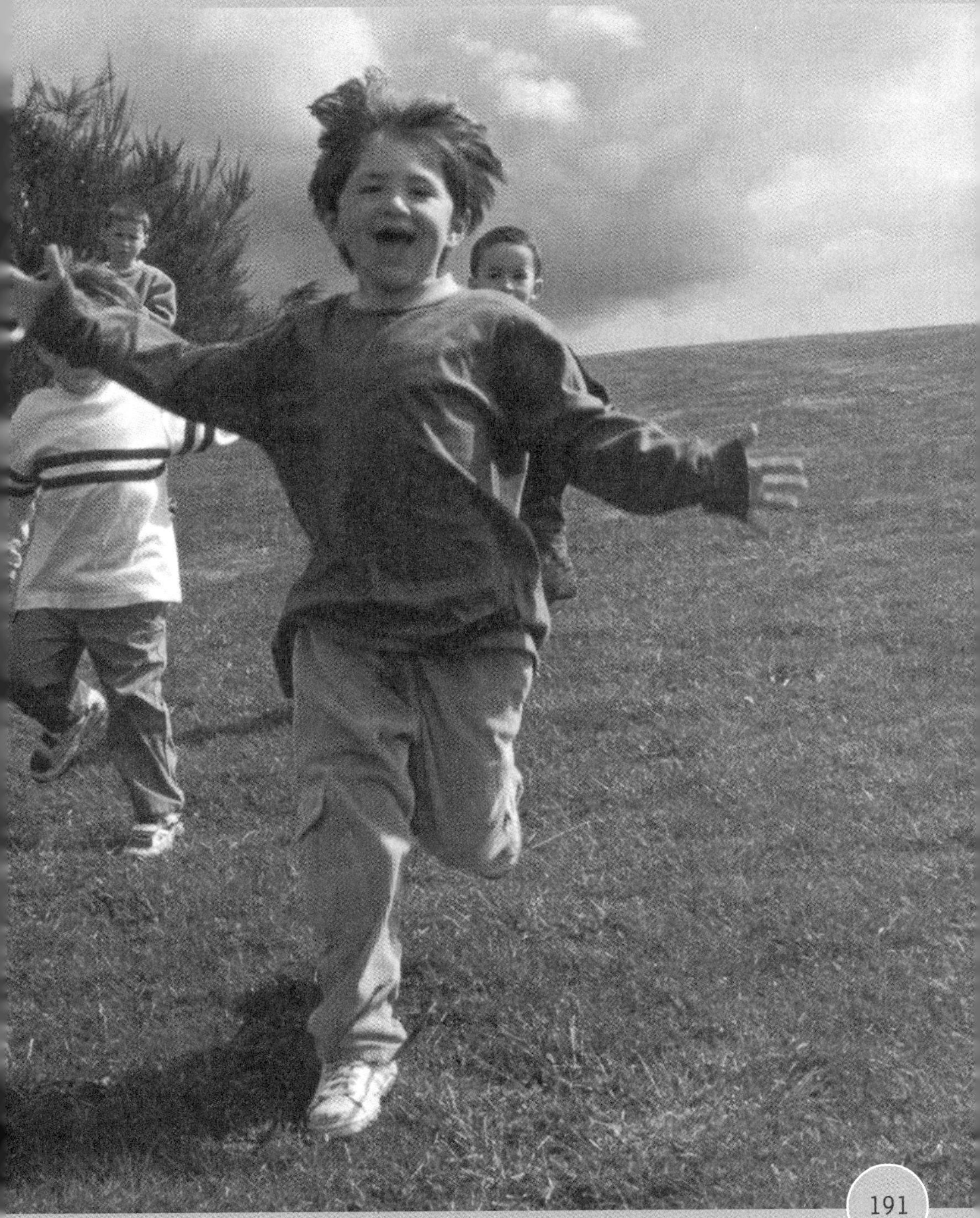

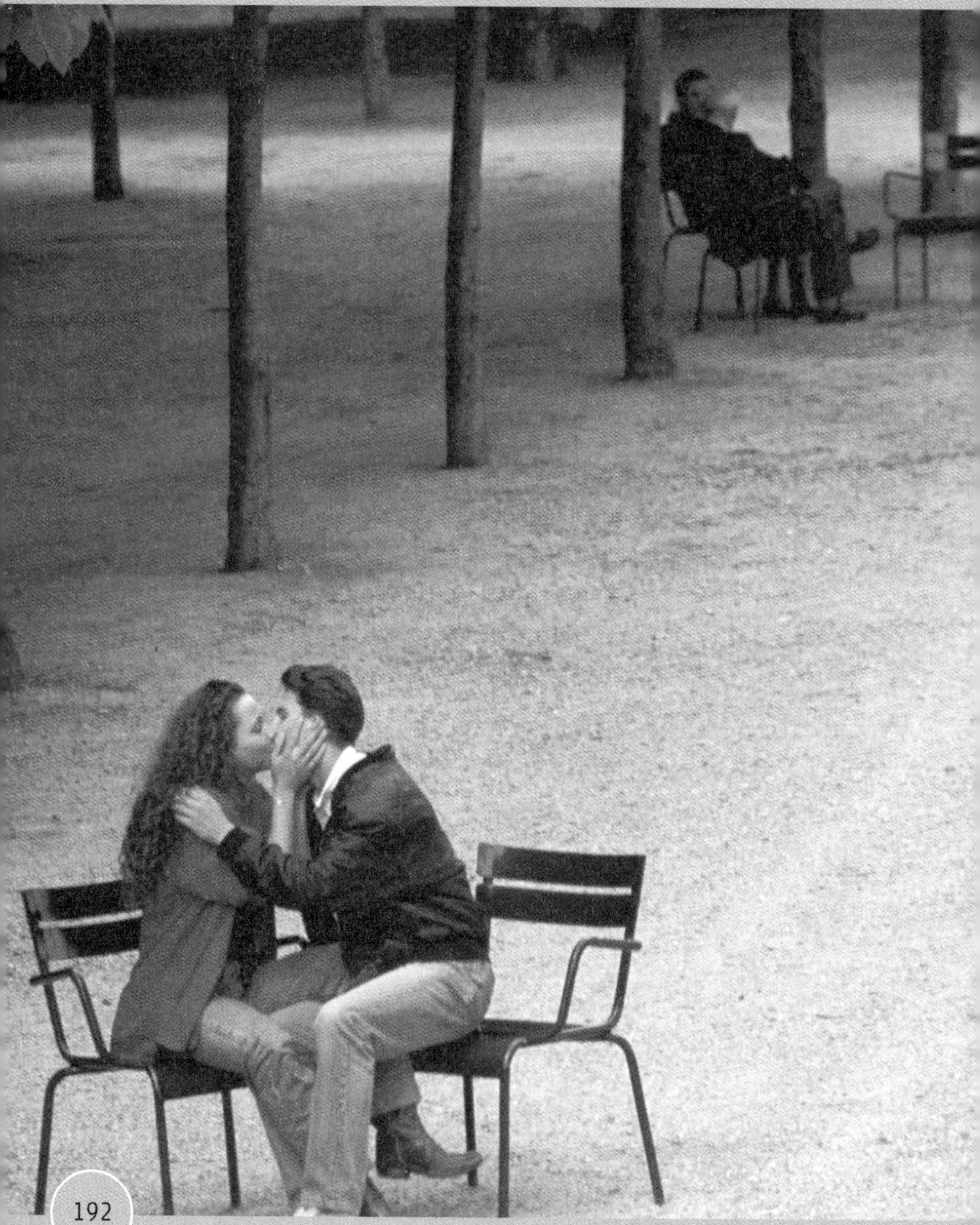

44

¡Tengo que convencerles!

Todos queremos llevar a los demás hacia nuestra forma de pensar. Entonces, ¿cuál es la forma más efectiva de influir en los demás?

Cuando queremos que los demás sigan nuestros dictados, procuramos buscar todas las formas posibles de imponer nuestros pensamientos. Si alguien no está de acuerdo con nosotros, lo intentamos de otra manera, pero ¿produce esto algún resultado?

UNA IMAGEN

Imagina un montón de arena. Si vierto una jarra de agua sobre la arena es probable que la arena absorba una parte y que otra determinada cantidad resbale por el montón formando un surco. Si vierto otra jarra de agua sobre el mismo montón de arena, una parte será absorbida y otra resbalará formando nuevos surcos, aunque la mayor parte seguramente resbalará por los primeros surcos haciéndolos más profundos. Si vierto una jarra más de agua sobre la arena, ésta prácticamente no podrá hacer otra cosa más que resbalar por los surcos existentes, haciéndolos aún más profundos.

Una buena idea...

Durante todo el tiempo que dure la próxima conversación que mantengas intenta no utilizar la palabra «yo»: yo creo que, yo sugiero que, yo no estoy de acuerdo con. Céntrate completamente en el «tú». Hazle preguntas a la otra persona: ¿qué piensas sobre esto?, ¿cómo lo afrontarías? Comprueba lo que dice para asegurarte de haberle comprendido correctamente. Es una gran idea que se te acaba de ocurrir. De esta forma podrás comprobar cuántas personas pueden contribuir y lo difícil que te resulta no expresar tus ideas.

Así es exactamente como funciona el cerebro. Cuando le presentas a otra persona un problema para que lo resuelva empezará a pensar en él y en su cerebro se crearán surcos o caminos. Si le dices que se ha equivocado y que tiene que analizarlo de nuevo, al pensar en él es posible que encuentre una nueva ruta, pero lo más probable es que utilice la misma ruta y la idea se afiance más firmemente. Si le pides que lo piense de nuevo será prácticamente imposible que encuentre una nueva solución. No se trata de que no quiera hacerlo, si no que simplemente se han creado las rutas y al cerebro le resulta virtualmente imposible apartarse de dichas rutas.

Al analizar esta imagen resulta obvio que no sirve de nada intentar cambiar continuamente la mente de otra persona diciéndole una y otra vez por qué piensas lo que piensas.

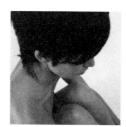

«YO» FRENTE A «TÚ»

Cuando iniciamos una nueva sesión del Programa de Liderazgo Personal una de las primeras cosas que hacemos es comprobar qué capacidad de comunicación tienen los asistentes. Todos tenemos una percepción de la forma en que nos comunicamos y la mayoría pensamos que estamos abiertos a otras ideas, que nos mostramos considerados hacia los demás y que les animamos a que expresen sus pensamientos y sugerencias. Pero la gente habitualmente se sorprende y horroriza con los resultados que obtenemos con esta prueba. No nos comunicamos en absoluto de la forma que pensamos. Hasta ahora se puede decir que no he encontrado ninguna excepción a esta circunstancia.

Sin ni siquiera darnos cuenta, normalmente nos comunicamos dando nuestro punto de vista, expresando nuestras sugerencias y diciéndoles a los demás por qué no estamos de acuerdo con sus ideas. Lo que no hacemos es apoyar sus ideas, pedir sus opiniones, comprobar si hemos entendido bien lo que han dicho, resumir todos sus puntos de vista o desarrollar sus ideas demostrando de esta forma que las valoramos. No invitamos a los demás a participar en la conversación. Lo que he descubierto es que los que nos dedicamos a lo que podríamos llamar las profesiones humanitarias somos a menudo los peores. ¿Por qué? Supongo que es porque pensamos que tenemos que ofrecerles a los demás el beneficio de nuestra sabiduría.

En realidad, si de verdad queremos influir sobre alguien el truco consiste en hacerle preguntas que le ofrezcan la posibilidad de pensar de otra manera sobre algo determinado. En otras palabras, que le permitan al cerebro empezar desde otro punto de partida. Primero, ayúdale a explorar su idea y después ayúdale a desarrollarla para incorporar la tuya.

Consulta la idea 15, *Lluvia de ideas*, para obtener más información sobre cómo ampliar y desarrollar las ideas de los demás.

Otra idea más...

> «Escuchar bien es una forma de comunicación y de influencia tan poderosa como hablar bien».
>
> JOHN MARSHALL

La frase

195

¿Cuál
es tu
duda?

P **He probado el ejercicio que sugeriste y me ha resultado muy difícil. El «yo» se colocaba por todas partes y aún así creo sinceramente que animo a los demás. ¿Hay alguna forma de que esto resulte más fácil?**

R *Por desgracia no. Hay muchas razones por las que la mayoría acabamos comunicándonos de esta manera y casi todas ellas parecen ser buenas razones. Ahora tú pretendes cambiar los hábitos de toda una vida. Lo que te sugiero que hagas es que les preguntes a las personas que estén más cerca de ti (tanto en casa como en el trabajo) para obtener información sobre cómo lo estás haciendo. Pídeles que te digan sinceramente si creen que les estás pidiendo su opinión, si les escuchas, si apoyas sus ideas, etcétera.*

P **Intento poner esto en práctica pero mi equipo me mira de forma rara. Estoy llegando al punto en que me entran ganas de dejar esta práctica. ¿Qué puedo hacer?**

R *Si has cambiado repentinamente tu comportamiento no es de extrañar que estén confusos. También puede ser que sientan desconfianza. Bajo estas circunstancias siempre doy el mismo consejo: ¡ponle nombre! Con esto quiero decir que expliques qué estás haciendo y por qué, porque lo crees adecuado y te ayudará a ser un líder más eficaz. Si les dices que necesitas ayuda para hacerlo es prácticamente seguro que te apoyarán. Recuerda que no podrás crear otros líderes si les dices lo que deben hacer constantemente.*

45

¡Adiós, indecisión!

No nos solemos preguntar quiénes queremos ser en realidad, aunque esto es algo fundamental que determina cómo vivimos nuestras vidas.

Si ya no estuvieras aquí, ¿qué querrías que los demás dijesen de ti? ¿Qué te gustaría que pensasen sobre ti? Si pudieses expiar a través de la cerradura, ¿qué te gustaría oír?

¿CÓMO QUIERES QUE TE RECUERDEN?

Una buena amiga me hizo estas preguntas hace unos diez años y me propuso un ejercicio que es seguramente uno de los más desagradables y determinantes que he hecho en mi vida. ¡Me pidió que escribiese mi epitafio! Tenía que hacerlo en dos pasos; el primer paso consistía en pensar en la persona que mejor me conociese y escribir el epitafio como si yo acabase de fallecer y esa persona lo escribiese. Así lo hice, pensando en lo que diría Hazel. Decía muchas cosas positivas, lo cariñosa y buena madre y amiga que era, y me sentí orgullosa al leerlo. Sin embargo, había algunos aspectos negativos que no me gustó ni escribir ni leer, entre ellos que nunca desarrollé mi potencial, nunca fui lo suficientemente fuerte para luchar por lo que era bueno para mí, que puse a mis maridos en primer lugar y luego los culpé cuando todo salió mal, que nunca

Una buena idea...

Escribe tu propio epitafio y después elije alguno de los valores que aparezcan resaltados. Por ejemplo, pongamos por caso que elijes «Vivió su vida con integridad». Luego haz una lista de todos los comportamientos que debes adoptar para que todos lo que te conozcan digan que eres una persona íntegra. Puede tratarse de cosas como decir siempre la verdad aunque resulte difícil, hacer las cosas que te comprometes a hacer, hacer algo por los demás sólo si sabes que no les vas a defraudar, hablar de la gente abiertamente y no a sus espaldas, resolver todas las cuestiones pendientes, no culpar a los demás de tus propios errores, etcétera. Haz este ejercicio con todos los valores, porque a menos que sepas perfectamente qué comportamientos respaldan los valores seleccionados, no tendrás posibilidad de cambiar nada.

tuve realmente claro lo que quería conseguir en la vida, y muchas otras cosas. Después el pedí a Hazel que lo leyese y a ella le pareció bastante preciso. ¡Vaya! No es así como quería que me recordasen, así que deduje que tenía que hacer algo al respecto.

El paso dos consistía en escribir otros epitafios como si hubiese muerto a una edad avanzada, ¡con noventa y cinco años por lo menos! Escribí cuatro, desde el punto de vista de uno de mis hijos, de una de mis parejas, de un compañero de trabajo y de una amiga especial. Estos epitafios incluían cosas muy diferentes de las que había escrito antes, tales como «Como madre era un ejemplo viviente de cómo yo quiero ser: siempre me animó a ser quien realmente soy, aunque a veces no fuese lo que ella hubiese deseado...»,

«Como compañera de trabajo siempre estuvo a mi lado y podía confiarle mis mayores secretos en la certeza de que no saldrían de ella...» y «Como pareja siempre me escuchó y me amó incondicionalmente...».

No olvides pedir su opinión a los demás sobre cómo lo estás haciendo. Intenta la idea 27, *¿Lo estoy haciendo bien?*

Otra idea más...

¿Y AHORA QUÉ?

Cuando repaso las diferencias existentes entre el primer epitafio y los restantes, es evidente que no estaba siendo la persona que quería ser. Muchos de mis valores estaban enterrados en barro. ¿Amaba incondicionalmente de verdad? ¿Les permitía realmente a mis hijos realizar sus sueños o intentaba que fuesen como yo quería? ¿Vivía realmente mi vida con integridad? Las respuestas a estas preguntas hicieron que mis valores pasaran de la parte inconsciente de mi mente a la consciente. Entendí claramente como quería ser y me comprometí totalmente a conseguirlo. Todavía conservo este ejercicio y lo repaso de vez en cuando para comprobar hasta dónde he llegado de momento.

«*Conocer a los demás es inteligencia; conocerte a ti mismo es sabiduría*».
LAO TZU

La frase

199

¿Cuál es tu duda?

P **¡Esto me parecía horrible! Pero fue todo lo contrario: me liberó porque pude ver claramente quién quería ser en realidad y, aunque me queda mucho para conseguirlo, sólo tengo que dar un montón de pequeños pasitos para irlo logrando. ¿Es esto lo habitual?**

R *Sin duda. Con frecuencia, si analizamos dónde estamos y todo lo que tenemos que cambiar, parece una tarea inmensa porque observamos la imagen completa, lo cual puede desmoralizarnos. Si tienes delante un elefante y sólo dispones de un tenedor y un cuchillo, ¿cómo puedes comértelo? ¡Pues mordisco a mordisco! Sólo tienes que dar pequeños pasitos para marcar una gran diferencia en tu vida. Si ya has intentado apreciar a los demás más de lo que les criticas, ya sabes que esto es cierto.*

P **Este ejercicio me ha resultado muy útil. Pero elaborar la lista de los comportamientos que se adaptan a los valores me ha parecido muy difícil. ¿Hay alguna forma más fácil de hacerlo?**

R *Piensa en alguien que admires realmente. No tiene por qué ser alguien que conozcas en persona, puede tratarse de alguien sobre quien hayas leído o de algún personaje público. ¿Qué es lo que admiras en él y qué hace él en efecto para demostrar eso que tú admiras? Por ejemplo, tomemos el ejemplo de Christopher Reeve, el actor que hacía de Superman y que se encontraba paralítico. Es evidente que uno de sus valores era «marcar una diferencia» y un comportamiento que mostraba este valor era el incesable esfuerzo que dedicaba a las obras benéficas para conseguir dinero para investigación. Además se esforzó por mantenerse de actualidad como personaje público, lo que odiaba, para poder seguir recaudando dinero e inspirar a otras personas paralíticas.*

46

No, no y no

Aprender a decir «no» de forma apropiada, sin ser insolente, es una habilidad que debemos desarrollar.

Pasé una gran parte de mi vida diciendo «sí» a todos, sometiéndome a mucha presión y culpando a los demás cuando ya no podía más.

DECIR «NO» REPRESENTA UNA OPORTUNIDAD DE CRECIMIENTO

A todos parece darnos miedo decir «no» a los demás: jefes, amigos, compañeros, parejas o incluso a veces a nuestros propios hijos. Cuando pienso en mis tres matrimonios me sorprendo de la cantidad de veces que dije «sí» cuando en realidad estaba pensando «no», a veces incluso cuando había que tomar decisiones importantes. Por ejemplo, mi tercer marido tuvo una idea estupenda sobre un nuevo producto; el coste era elevado y el riesgo razonablemente alto porque, para ser sincera, no habíamos hecho un estudio de mercado. Parecía una gran idea, y a él le encantaba diseñar cosas nuevas. Como necesitábamos dinero accedí a aumentar substancialmente nuestra hipoteca. ¡Qué tonta! Doblemente tonta, porque compramos la casa con mi dinero en primera instancia. ¿Quería hacerlo? En realidad no, pero seguramente interfirió mi creencia de que los

Una buena idea...

Cuando uno de tus hijos o amigos te pida hacer algo a lo que normalmente dirías «sí», aunque en el fondo no quieras hacerlo, dile «no». Hasta que adquieras más experiencia a la hora de decir «no», puede resultarte útil añadir alguna explicación, aunque tu máxima aspiración debe ser aprender a decir «no» enérgicamente sin necesidad de ninguna explicación.

hombres toman las decisiones importantes. Lo hice y aumenté la hipoteca, el producto no se vendió tan bien como pensábamos y unos cuantos años después me encontré sin nada.

En muchos aspectos, era incluso peor cuando se trataba de discutir qué íbamos a hacer cuando mis hijos (sus hijastros) se portaban mal. Él me convencía, de forma lógica y elocuente, para hacer todo lo que consideraba que debíamos hacer. Él era un comunicador excelente y yo nunca parecía ser lo suficientemente racional para argumentar mi punto de vista. No tenía el valor para decir: «No, no lo voy a hacer así, aunque no pueda explicar por qué». Así que, aunque no estuviera de acuerdo con algo, lo hacía, pero después me sentía tan disconforme con lo que habíamos acordado que hacía otra cosa, ¡lo que provocaba grandes discusiones! Y él tenía razón porque yo había accedido a hacerlo a su manera. Y todo esto sucedía porque no sabía decir «no» desde el principio.

Ser sincero con uno mismo para preguntarse «¿Estoy de acuerdo con esto realmente?», «¿Qué pienso de verdad de esto y qué me parece?» a veces requiere ser valiente. Pero en cualquier caso, si vamos a tomar el control de nuestras vidas, es fundamental que aprendamos a decir «no».

EL EQUILIBRIO TRABAJO-VIDA

En mi trabajo, me he encontrado con muchas personas absolutamente estresadas y fuera de control, con exceso de trabajo y infravaloradas. Normalmente esto se debe a que no han aprendido a decir «no»; por el contrario, aceptan todo lo que sus jefes, compañeros y empleados les exigen, y no paran de preguntarse por qué cada vez llegan más tarde a casa. ¿Puedes imaginarte la escena, no? «Vaya, María, tengo que irme inmediatamente a una reunión y no me ha dado tiempo de terminar este informe. ¿Podrías terminarlo tú por mí, por favor?» o «¿Podrías ayudarme con este proyecto, por favor?» o «¿Podrías quedarte hasta tarde hoy para responder los teléfonos?» o «No hemos terminado las diapositivas para la reunión de mañana y sabemos que a ti se te da muy bien. ¿Podrías por favor...?», etcétera.

El truco consiste en saber decir «no» sin ofender a nadie. Si tienes compañeros que te cargan constantemente con más trabajo, muéstrales la lista de prioridades que debes completar y pídeles que elijan cuál quieren que sea reemplazada por su trabajo. Explícales que si se trata de algo que haya que hacer para otra persona o departamento tendrán que ser ellos mismos los que le comuniquen a la otra persona que el trabajo que estabas haciendo tendrá que esperar. Seguramente así decidirán hacer el trabajo en cuestión de otra forma. Con tu jefe puedes hacer algo parecido, y más fácilmente porque seguramente todo el trabajo que estés realizando sea para él.

> *Otra idea más...*
>
> El hecho de comprender completamente quién quieres ser puede ayudarte a centrarte aún más en lo que es adecuado para ti. Consulta la idea 45, *¡Adiós, indecisión!*

> *La frase*
>
> «Debemos ser nosotros mismos los que iniciemos el cambio que queremos ver».
> MAHATMA GANDHI

203

¿Cuál
es tu
duda?

P   ¡Haces que parezca tan fácil! Pero decir «no» no es solamente difícil: ¡es una forma de arte! Cada vez que digo «no» me siento tan culpable que casi siempre acabo cambiando de idea. ¿Cómo se pierde el sentimiento de culpa?

R   *No es fácil, y yo también experimento con frecuencia el sentimiento del que hablas. Mis nietos mayores a menudo me pedían ayuda económica, que yo podía prestarles sin problema, pero a veces hacerlo no era lo adecuado para ellos, así que les decía «no». Después me sentía fatal y me preguntaba cómo se las arreglarían sin mi ayuda. Sin embargo, en el fondo sabía que había hecho lo mejor, tanto para ellos como para mí. Cuanto más me entrometo y les ayudo, menos les animo a ser responsables de sí mismos y más entorpezco su crecimiento. Procura entender que casi con total seguridad estás haciendo lo mejor para la otra persona cuando dices «no».*

P   ¿Por qué piensas que se nos da tan mal esto? En el trabajo siempre me piden que haga trabajo extra y cuanto más digo «sí», más gente me pide que haga cosas. Me preocupa poner mi empleo en peligro si cambio y empiezo a decir «no». ¿Cómo puedo dar el primer paso?

R   *Seguramente lo mejor sea empezar por tu jefe, así que la próxima vez que te pida que hagas algo, haz lo que he sugerido antes y muéstrale la lista de tus prioridades para ese día y pídele que elija cuál quiere que pospongas para el día siguiente. Sé firme pero amable y estoy segura de que recibirás una respuesta positiva.*

47

El reloj de arena

Desarrollar el entendimiento de los puntos de vista de la otra persona es el primer paso para resolver los problemas existentes entre ambos.

Los conflictos nunca pueden resolverse realmente a menos que ambas partes se esfuercen por comprender totalmente el punto de vista contrario, lo que implica empatía. ¿Cuántas veces has discutido con alguien y de repente has tenido que decir «¡Ah, no me había dado cuenta de que querías decir eso!?».

EL PODER DE TRES MINUTOS

La única forma de crear este grado de entendimiento es dejar de centrarnos en nuestro propio punto de vista y empezar a escuchar atentamente a la otra persona. Sin embargo, a la mayoría nos resulta muy difícil escuchar a otra persona durante un tiempo indeterminado sin interrumpirla para mostrar acuerdo o desacuerdo o para añadir nuestras propias ideas, así que como ayuda yo utilizo un reloj de arena. Mi sugerencia consiste en que cada uno emplee tres minutos en explicar cómo se siente mientras la otra persona escucha en silencio; esto se hace por turnos y el procedimiento continúa hasta que ambos crean que han entendido la situación y los sentimientos

Una buena idea...

Uno de mis maridos era un excelente comunicador y como consecuencia ganaba todas las discusiones moviendo los largueros. A menudo yo acababa poniéndome a la defensiva, llorando y pensando que estaba equivocada aunque en el fondo sabía que no era sí. Aprendí a no responder y a limitarme a escuchar. Después le decía: «Lamento profundamente que pienses así, porque no es así como yo lo veo». Por muy enfadado que se pusiese, ésa era mi respuesta porque sabía que si intentaba hacerle ver mi punto de vista (en otras palabras, intentar que cambiase de idea), acabaría perdiendo y bastante de los nervios. Esta actitud me dio buen resultado siempre y a él le sacaba de quicio. Me limitaba a excluirme de la discusión, ¡no quería disgustos! Inténtalo tú mismo.

de la otra persona. Así se llega a una base sobre la que se puede desarrollar una solución que satisfaga a ambas partes. Ten en cuenta que se trata de escuchar para comprender, no para tomar notas para contraatacar y ¡ganar el punto!

He utilizado esta técnica con muchos de mis clientes, entre ellos una gran compañía química internacional en la que había dos departamentos que tenían grandes dificultades de relación. La raíz del problema residía en que los dos directores estaban picados y consideraban imposible llevarse bien. Solicitaron mi ayuda y convoqué una reunión con ambos, durante la cual les pedí que se escuchasen el uno al otro en periodos de tres minutos. Después de hora y media, resolvieron todas sus diferencias y de hecho se hicieron amigos. ¡El reloj de arena dio buen resultado!

AHORA TE ESCUCHO

Uno de mis clientes me pidió que dirigiese un curso para un grupo de jóvenes directivos. El programa trataba asuntos relacionados con el trabajo y la vida privada, así que los delegados asistieron con sus esposas y compañeras.

Quería demostrarles la efectividad del proceso de escucharse recíprocamente durante tres minutos para resolver ciertos asuntos. Le pedí a cada pareja que eligiese un tema de su vida personal que hasta ese momento no estaba resuelto. Ellos realizaron el ejercicio mientras yo controlaba el tiempo, los tres minutos, y les pedí que cumpliesen la norma de dejar a la otra persona que hablase durante su tiempo sin interrumpirla y escuchándola atentamente. El ejercicio completo se prolongó durante cuarenta y cinco minutos y cuando finalizó muchas personas estaban llorando; algunas se abrazaban los unos a los otros y todos se mostraban visiblemente afectados y apoyaban a sus respectivas parejas.

Una de las mujeres dijo que era la primera vez en su matrimonio que de verdad sentía que su pareja la había escuchado ¡y ya tenía hijos adolescentes! Uno de los hombres dijo que en realidad nunca había conseguido comprender el asunto sobre el que su mujer le llevaba hablando durante meses y que era fuente constante de problemas. Ahora lo había comprendido, por fin habían podido tratar el problema juntos, de hecho, dijo que ya estaba resuelto.

Otra idea más...

Si tu pareja llega a casa agotada, deja todo lo demás y siéntate a hablar con ella y escúchala sin interrumpirla, tarde lo que tarde. La idea 29, *¡Escúchame, por favor!*, muestra las ventajas de desarrollar nuestra capacidad para escuchar, ya sea en el trabajo o en casa.

La frase

«*Busca primero entender y después ser entendido*».
STEVEN COVEY, experto en liderazgo

¿Cuál
es tu
duda?

P Intenté escuchar a uno de los miembros de mi equipo cuando tuvimos un asunto que tratar hace poco, pero él no estaba dispuesto a escucharme a mí. Por el contrario, me interrumpía constantemente cuando yo intentaba explicar mi punto de vista. Llegados a un determinado momento, la charla se convirtió en una discusión porque yo me puse muy nervioso. ¿Cómo puedo evitar que esto ocurra de nuevo?

R *No es fácil poner en práctica un nuevo comportamiento por primera vez, pero si quieres que los demás te comprendan realmente, tienes que estar dispuesto a escucharlos. Puede servirte de ayuda explicarles el proceso antes de empezar y hacerles saber que quieres comprender su punto de vista, pero que también te gustaría expresar tu opinión. Utiliza un reloj para controlar cada intervención.*

P Mi mujer dice que nunca la escucho y tengo que admitir que seguramente tiene razón, aunque lo intento. Esta circunstancia nos lleva a constantes malentendidos, que derivan en discusiones. ¿Cómo puedo obligarme a escucharla con más atención?

R *Está bien que lo admitas. Escuchar es una habilidad aprendida y requiere práctica, pero el primer paso consiste en tomar la decisión de querer escuchar mejor. Practica en todas las ocasiones que tengas oportunidad y observa que comprendes muchas más cosas. Explícale a tu mujer que realmente deseas saber escuchar mejor y pídele que te ayude: sentaos a discutir cualquier asunto sin distracciones.*

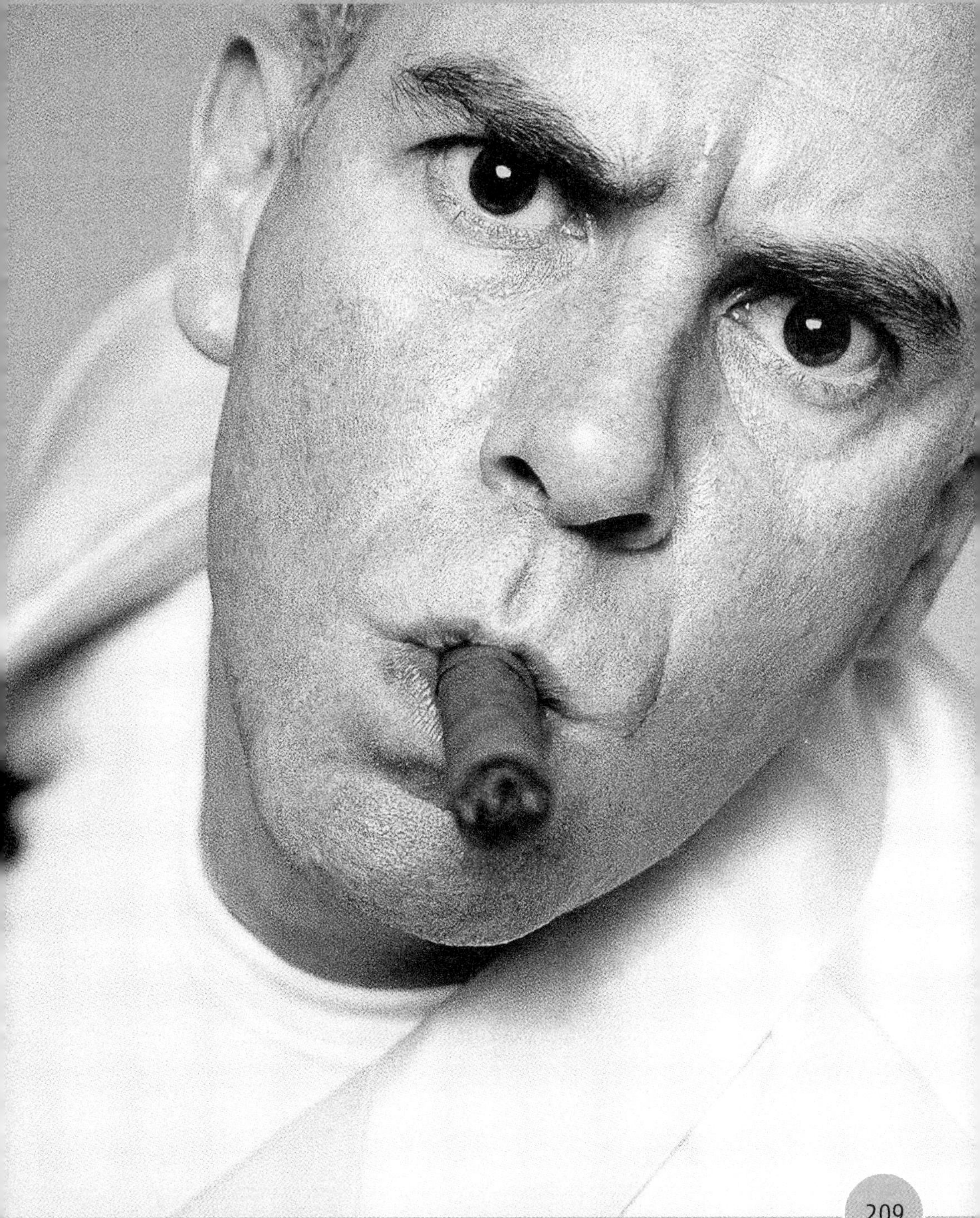

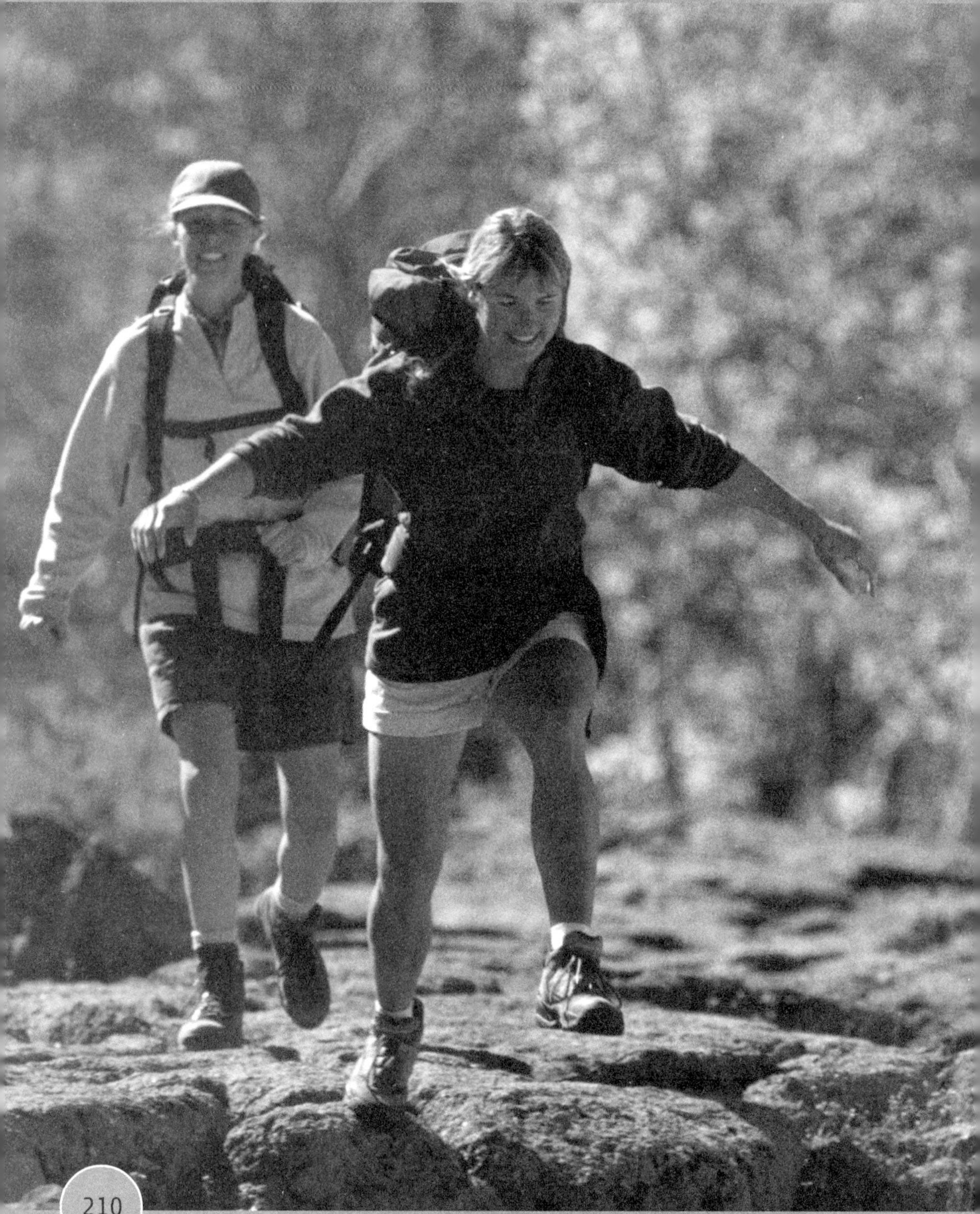

48

¿Problema u oportunidad?

La forma en que consideramos los problemas marca una gran diferencia: podemos convertirlos en oportunidades o en problemas mayores.

¿Te has enfrentado alguna vez a una situación que en principio te parecía un gran problema y después te has dado cuenta que sin ella no estarías en la interesante situación en la que te encuentras hoy en día?

ENTONCES, ¿QUÉ ES?

He tenido que afrontar algunos problemas importantes en mi vida; algunos los he considerado como oportunidades y otros como todo lo contrario. Te mostraré dos ejemplos. El primero se refiere a la época en que mi tercer marido mantenía una relación con una compañera a la que estábamos a punto de nombrar directora de nuestra empresa. La relación fue mucho más allá de lo puramente profesional. Ella admitió ante mí que mi marido le había dicho que ella era importante para él y yo casi me desmayo. Dije que no la quería como directora y que quería que dejase la empresa. Mi marido amenazó con marcharse él también, lo que me hubiese dejado sola al frente

Piensa en un problema y hazte esta pregunta: «Si supiese que esta situación es una oportunidad real para que aprenda algo o haga algo diferente con mi vida, ¿cómo la consideraría?, ¿qué haría de forma diferente ahora?». Repasa tu vida y busca algo que te pareciese un auténtico desastre antes de buscar la parte positiva. Recuerda que la vida es en realidad lo que tú hagas de ella.

del negocio, ¡un chantaje en toda regla! Tenía tan poca confianza en mí misma que no creía que pudiese hacerlo sola, así que tuve que ceder y ella se convirtió en directora.

Cuatro años después murió mi segundo hijo a la edad de veintiséis años. Esto casi me mata, pero me comprometí conmigo misma a que no había muerto en vano, que dejaría de ser una endeble y conseguiría que él se hubiese sentido orgulloso de mí. Dejé a mi marido, creé mi propio negocio y ahora dirijo una empresa de éxito haciendo algo que me apasiona. Cada año consigo más beneficios de los que obtuve durante todo el tiempo que trabajé con mi último marido. Si hubiese considerado el primer problema como una oportunidad, hubiese reunido el valor suficiente y me hubiese marchado, me habría ahorrado otros cuatro años de infelicidad y me habría sobrado algo de dinero. Lo que es más, si me hubiese marchado en cuanto surgió el problema y mi hijo se hubiese venido conmigo en otras circunstancias, puede que hoy estuviese vivo.

TU ELECCIÓN

Depende de ti cómo consideres cada situación en la que te encuentres. Creo que no existen las coincidencias y que todo ocurre por una determinada razón, así que cada vez que me encuentro en una situación difícil me pregunto a mí misma: «Si supiese que lo que está ocurriendo es exactamente lo que tiene que ocurrir, ¿cómo lo vería y qué haría ahora?». Esta pregunta me lleva directamente a considerar la situación como una oportunidad.

Christopher Reeve hubo de enfrentarse a un problema que la mayor parte de la gente ni siquiera puede imaginar: un accidente le dejó completamente paralizado. Pero sirvió de inspiración a millones de personas porque convirtió una situación tan desgraciada en una oportunidad. Michael J. Fox, el actor que padece la enfermedad de Parkinson, es otra fuente de inspiración. En su libro, afirma que esta experiencia le ha cambiado a mejor y que ha aprendido mucho de ella. He conocido a muchas personas que se habían quedado sin trabajo, algunas de las cuales se encontraban en esa edad a la que ya es difícil encontrar otro empleo. He podido comprobar cómo afrontan esta situación de maneras muy diferentes, desde los que piensan que su vida está acabada hasta los que dicen «¡Guau!, esto es estupendo, ahora puedo hacer las cosas que siempre he deseado». La última actitud de «puedo hacer» es positiva: supone oportunidades y posibilidades, abre nuestras mentes y corazones a nuevas experiencias y la vida se convierte en algo que disfrutar en lugar de algo que sufrir.

La idea 36, *Aprende de tus errores*, proporciona un mayor análisis de cómo afrontar los problemas.

Otra idea más...

«*Cuando una puerta se abre, otra se cierra, pero a menudo miramos con tanta pena y durante tanto tiempo la puerta cerrada que no vemos la que se nos ha abierto*».
ALEXANDER GRAHAM BELL

La frase

¿Cuál
es tu
duda?

P **Mi hija está decidida a dejar la universidad este año, sin completar sus estudios. Es excepcionalmente inteligente, pero no consigo hacerle entender que seguramente tendrá que luchar mucho porque no podrá acceder a muchos empleos. ¿Cómo puedo convencerla para que se lo piense mejor?**

R *Parece que mientras que tú consideras esta situación un problema, tu hija la considera una oportunidad. Tú tienes la idea preconcebida de que no le irá bien sin una titulación y ella la tiene de que sí lo hará. Primero hazte la pregunta que he mencionado anteriormente y, lo más importante, siéntate y dedica el tiempo necesario a escuchar a tu hija y a apoyar su forma de pensar. Cuanto más la intentes presionar, más se resistirá ella. Anímala a pensar por sí misma; estoy segura de que estará más capacitada para tomar sus propias decisiones. Hoy en día yo dirijo mi propia empresa, ¡y eso que dejé mis estudios sin conseguir una titulación!*

P **A mi jefe le entra el pánico a la más mínima y convierte los problemas insignificantes en grandes problemas. La oficina está en un estado permanente de crisis, motivo por el cual hemos perdido recientemente a dos de nuestros mejores empleados. ¿Cómo puedo hacerle ver que su reacción ante los problemas empeora las cosas?**

R *Yo creo que todas las personas quieren ser lo mejor posible, así que te sugiero que le digas a tu jefe lo mismo que me has dicho a mí. Como no podrá prestarte toda su atención en ese ambiente tan caótico, invítale a tomar algo fuera de la oficina e intenta determinar por qué cree que debe comportarse de esa manera. Explícale las consecuencias de su comportamiento actual y el resultado probable que se alcanzaría si se comportase de otra manera. Ofrécele tu ayuda para encontrar otras formas más constructivas de hacer las cosas y pregúntale cómo puedes apoyarle para realizar los cambios necesarios.*

49

Todos contamos

Algunas personas se mantienen más calladas que otras durante las reuniones. Puede que les ponga nerviosas el hecho de compartir sus ideas y debemos buscar la forma de ayudarlas.

¿A cuántas reuniones has asistido en las que las ideas que triunfaban eran las de las personas que más alzaban la voz mientras otras se sentían frustradas porque pensaban que no se las escuchaba y por tanto no se las valoraba?

¿QUIÉN TIENE LAS MEJORES IDEAS?

El hecho de que todos compartan sus ideas en un grupo de discusión, ya sea en casa o en el trabajo, resulta muy provechoso. No tiene ningún sentido que algunos de los participantes en una reunión no abran la boca. Además de muchas otras cosas, es una auténtica pérdida de dinero si se trata de una reunión de trabajo; si alguien no puede aportar ninguna contribución, no tiene sentido que malgaste su tiempo y el tuyo. Lo que normalmente ocurre en las reuniones, a menos que se hayan aprendido bien y puesto en práctica los comportamientos comunicativos, es que las ideas que se

En la próxima reunión a la que asistas para discutir algún asunto fíjate en quién habla la mayor parte del tiempo y quién en realidad no contribuye. Pregúntate por qué quieres que esta última persona asista a la reunión y qué valor te gustaría que aportase. Si sólo está allí porque sí, podría estar empleando mejor su tiempo. Si, por el contrario, crees que tiene algo que aportar, debes elaborar un plan. Antes de la próxima reunión, piensa en qué preguntas puedes hacerle para que no se sienta amenazado o intimidado, sino que por el contrario le ayuden a sentir que tiene algo que ofrecer. Trabaja este aspecto.

escuchan y plantean son las de aquellos que más elevan la voz y de los más mayores. Por desgracia, lo que suele ocurrir a continuación es que las personas que consideran que no han sido escuchadas empiezan a echar la idea por tierra subversivamente, no necesariamente de forma intencionada, pero como no se sienten cómodos con la decisión empiezan a hablar con los demás sobre sus temores. Puede que los demás se interesen por las cuestiones que plantean, las comprendan y quizá estén de acuerdo con ellos. Esto hará que se sientan desmotivados a hacer el trabajo de la forma acordada y se producirá una alteración significativa de las acciones acordadas. Esto a su vez puede conducir a un sentimiento de frustración en la próxima reunión, en la que el jefe gritará: «¡Pero si esto es lo que acordamos que haríamos!». Y todo esto porque alguien que se mantuvo en silencio o estaba nervioso para intervenir siente que le han tratado injustamente porque no le han escuchado. ¿Tenemos derecho a asumir que la gente callada no tiene grandes ideas? Quizá posean una virtud que es justo lo contrario: ¡se llama dos oídos y una boca!

SER CONSIDERADO

Debemos aprender a involucrar a todos y a animarlos a participar. Si alguien es una persona tímida o nerviosa, pedirle que exprese su opinión en una situación en la que puede sentirse expuesta o amenazada es probable que provoque el efecto contrario del que se preten-

Piensa en cómo puedes fomentar las ideas de los demás para empezar a crear una auténtica sinergia y trabajo en equipo. Consulta la idea 15, *Lluvia de ideas.*

Otra idea más...

de. Si no lo haces bien, seguramente se pondrá incluso más nerviosa, y como consecuencia no podrá pensar con claridad y sus ideas no serán tan buenas. Todo esto puede llevarle a pensar que no tiene valor y la espiral descendente continuará.

Te sugiero que hagas la primera pregunta de esta forma: «Cristina, la oportunidad de la que estuvimos hablando el otro día en tu oficina, creo que era excelente y que sería de mucha utilidad que la compartieses con el grupo en este momento». Lo que haces de esta forma es decirle a Cristina que su idea es buena, que crees que tiene valor y que la apoyas. Cuando termine de compartir su idea con el resto del grupo, agradéceselo. De esta forma le habrás demostrado que hablar con el grupo no tiene por qué ser una experiencia atemorizante. Puede que tengas que hacer algo parecido en las dos o tres próximas reuniones, pero después seguramente ella será capaz de acudir a la reunión contribuyendo un auténtico valor porque sabrá que tiene algo que aportar.

«No hay estímulo comparable al que proviene de ser conscientes de que los demás creen en nosotros».
ORISON SWEET MARDEN, editor y escritor motivador estadounidense

La frase

¿Cuál
es tu
duda?

P Formo parte de un equipo muy numeroso y nunca me había dado cuenta de lo callados que están siempre algunos miembros del mismo. Uno de ellos es la única mujer de todo el equipo. ¿Debería tratarla de forma diferente?

R *¿Por qué, en un equipo tan grande, sólo tienes a una mujer? ¡Qué oportunidad has perdido! En cualquier caso, la respuesta es simplemente «no». ¿Por qué querría ella que la tratasen de forma diferente a sus compañeros masculinos? Sólo tienes que asegurarte de que no la apoyas en exceso, para que sus compañeros no piensen que obtiene un trato de favor. Seguramente sería aconsejable invitar a algunos más a participar de forma parecida.*

P Tengo cinco hijos y una de ellas es muy callada. Nos resulta muy difícil que exprese sus ideas. ¿Cómo puedo afrontar esta circunstancia?

R *Si es tan callada yo intentaría indagar un poco más para saber qué ocurre. ¿Hay algo que le preocupe y le haga estar tan callada? De todas formas, debes hacerle saber que la familia valora sus ideas, ya que cuanto más consciente sea de que tiene valor para el grupo, más fácil le resultará en su vida en adelante. ¿Qué te parece si le intentas sonsacar algunas ideas cuando estés a solas con ella y después las compartes con el resto de la familia cuando estéis todos juntos? Esto quizá la ayude a empezar a compartir sus ideas por sí misma. Cuando lo haga, no olvides apoyarla mucho y animarla, y asegúrate de que los demás miembros de la familia no la interrumpan ni la excluyan.*

50

Céntrate

El hecho de intentar hacerlo todo de golpe puede crear un sentimiento de sentirse sobrepasado. La capacidad de centrarte en las cosas clave puede ayudarte a empezar a transformar realmente tu vida.

¿Cuáles son los mensajes clave que podemos obtener del hecho de explorar los numerosos y variados pensamientos sobre cómo podemos ver el mundo y a nosotros mismos de forma diferente?

DEMASIADA INFORMACIÓN

Cuando inicié mi camino hacia el crecimiento, leía mucho, por lo menos un libro a la semana. Asistí a innumerables cursos y ¡me convertí en una adicta al crecimiento personal! Había tanto que aprender que acabé confusa con tanta información. Intentaba cambiarme de golpe y, adivina, sentía de nuevo que no era lo suficientemente buena. Así que, después de pasar muchos nervios comprendí que lo que tenía que hacer era simplificar todo lo que había aprendido. Cuanto más estudiaba más claro veía que la clave de todo era la responsabilidad: me encontraba en este punto de mi vida a causa de las decisiones que había tomado. Si había sido víctima de una relación de abuso era porque yo había elegido mantener dicha relación y además había decidido continuar con ella; si me sentía infeliz se debía a que así había elegido sentirme; si me

Busca un lugar tranquilo para pensar en las nuevas ideas que pueden transformar tu vida. ¿Cuál de ellas revolotea con frecuencia por tu cabeza? ¿Cuál resonó más en relación con algún aspecto de tu vida? Céntrate en esa idea en concreto durante un mes y olvídate de las demás. Sigue trabajando con ella hasta que creas que la has interiorizado y después empieza a desarrollar otra. Además, lee absolutamente todo lo que pueda ampliar tus conocimientos y comprensión del crecimiento personal.

llevaba mal con uno de mis hijos era porque había elegido no solucionarlo; y así sucesivamente. Era sin duda lo más difícil a lo que me había enfrentado, pero cada vez que me obligaba a recordar la simplicidad de este mensaje, mejor encajaba todo en su sitio. Me ayudó a centrarme en el momento actual, a ser consciente de cómo me comunicaba en cada momento y a cuestionarme mi forma de pensar a diario.

¡CUANDO ESTOY MAL, ESTOY MAL!

Es fácil sentirse muy deprimido y pensar que nunca se conseguirá salir de ese agujero negro. Recuerdo cuando una de mis clientes me dijo que solía sufrir depresiones, aunque no clínicas. Le habían estado recetando antidepresivos durante años y ahora tomaba unos muy fuertes; ella pensaba que nunca mejoraría. De hecho, se describía a sí misma como una persona deprimida, una depresión que había pasado a formar parte de su forma de ser. Lo primero que hice fue hacerla distanciarse de su problema en lugar de *ser* el problema, pensar en sí misma como alguien que elige pensamientos depresivos. Le resultó muy difícil al principio y me llamaba por teléfono para decirme cosas como: «Mi jefa acaba de ser muy dura conmigo y eso me ha hecho sentirme terriblemente mal; es culpa suya pero no puedo evitar sentirme así». La convencí para que si de verdad pensaba que no podía cambiar cómo se sentía, eligiese conscientemente sentirse así, que le dijera a todo el mundo que ese día elegía sentirse deprimida y que la dejasen sola. ¡Iba a regocijarse en su desgracia y disfrutar cada minuto! Cuando llegó la hora de comer ya había tenido suficiente y empezó a darse cuenta de que podía elegir sentirse de otra forma. Poco a poco empezó a asumir la responsabilidad de cómo se sentía y de cambiar esta circunstancia. Ya lleva cinco años sin antidepresivos.

Actualiza tus pensamientos sobre lo que realmente controlamos. Consulta la idea 1, *Tienes lo que te mereces*.

Otra idea más...

Una curiosidad relativa a esta historia que a mí me resulta fascinante es que cuando visitó a su médico para preguntarle si podía empezar a reducir la dosis de antidepresivos, la respuesta de éste fue: «No, no creo que sea una buena idea». En mi opinión, ¡el médico la estaba desanimando activamente para que asumiera la responsabilidad de su propia salud y bienestar!

«La mayor recompensa de un hombre por su labor no es lo que puede obtener por ella, sino en lo que se convierte con ella».
JOHN RUSKIN

La frase

¿Cuál
es tu
duda?

P **Me encantó leer esta idea porque estaba intentando hacer demasiadas cosas a la vez y empezaba a sentirme confusa. Pero si hago lo que sugieres, ¿no es posible que acabe quedándome sólo con una idea?**

P *Depende de la idea que escojas. Si hace referencia a tu ideal de vida y lo persigue, puede que sí, pero si tiene que ver con la responsabilidad, entonces no, ya que ésta está vinculada con todo. Depende de ti. Decide cuál es tu ideal y qué quieres cambiar y después planifica cómo puedes conseguirlo y trabaja para lograrlo. O asumes la responsabilidad plena de tu propio desarrollo o no lo haces.*

P **Parece muy fácil tal y como lo cuentas, pero yo creo que es realmente difícil. ¿Cuánto tiempo te costó llegar a donde estás ahora?**

R *¡Una gran pregunta! Sé que lo hago parecer fácil, pero si lees y comprendes los pequeños pasos necesarios para transformar tu vida, probablemente sea fácil. Lo que sugiero no es ciencia ficción, es sentido común y seguramente ya lo sabes todo. Sólo lo recupero en tu nivel consciente. ¡Para mí es un proceso interminable! Ya llevo diez años haciéndolo y todavía estoy aprendiendo y muchas veces me equivoco. El mejor consejo que puedo darte es que lo enseñes como lo hago yo. Continuamente me recuerdo las cosas que sé pero que olvido. No me refiero necesariamente a que lo hagas formalmente, si no en cada oportunidad que tengas con tus hijos, amigos y compañeros. Piensa en la forma de compartir estos pensamientos y haz que resulte divertido. Pide las opiniones de los demás sobre cómo lo estás haciendo y sigue practicando. ¡Ah, y no olvides decirte a ti mismo lo bien que lo haces!*

51

Vive el momento

Dedicamos un tiempo excesivo a preocuparnos por el futuro o a lamentarnos por los errores que hemos cometido en el pasado.

No tenemos control sobre el pasado ya que no podemos cambiarlo, y tampoco podemos controlar el futuro. Sólo tenemos control sobre el momento presente, y es entonces cuando podemos hacer que se produzca un cambio.

EL PRESENTE

Hace muchos años leí un libro que se llama *El presente* que me impactó profundamente. Después lo he releído muchas veces. La simplicidad del mensaje es profunda: sólo en cada momento individual podemos efectuar cambios, en el momento que estamos viviendo en ese instante. Soy consciente de que dedicaba una gran cantidad de mi tiempo a mirar hacia atrás, lamentándome de algo que había ocurrido o de algo que yo había hecho o dicho y pensando qué podría haber hecho de otra forma. No puedo ni imaginarme cuánto tiempo de mi vida he desperdiciado mirando hacia atrás e intentado cambiar lo que no se puede cambiar. Para colmo de males, también he desperdiciado mucho tiempo pensando en lo que iba a hacer o decir en el futuro.

Una buena idea...

Dedica una hora completa a pensar sólo en el presente. Fíjate en lo que haces en cada momento. Vive cada segundo y fíjate en todo lo que te rodea y en todo lo que hay en ti mismo: cada movimiento que hagas, las sensaciones que experimente tu cuerpo, todos los sonidos que escuches. Prueba a ver de cuántas cosas puedes percatarte mientras estés realizando cualquier actividad. Concéntrate en tu respiración y en cómo te sientes. Puedes incluso preguntarte: «¿Qué podría hacer en este momento, justo ahora, para mejorar mi vida o la vida de los que quiero?». El día siguiente puedes ampliar el ejercicio a dos horas y después seguir incrementando el tiempo dedicado a él hasta que empieces a vivir realmente tu vida en el momento presente.

Siempre se me olvidaba que sólo tengo poder para realizar cambios aquí y ahora, en el presente. ¿Qué puedo hacer ahora mismo que pueda cambiar hoy, esta relación o abrir una nueva oportunidad? ¿Qué puedo hacer ahora mismo que pudiera ayudar a mis hijos a sentirse mejor con ellos mismos, hacer del mundo un lugar mejor o permitirles a mis compañeros pensar mejor por ellos mismos?

LA FELICIDAD ES UNA ELECCIÓN

Cuando tengo presente cada momento mientras lo vivo, no hay nada a lo que no pueda hacer frente. Esto debe de ser una verdad, porque si no yo no estaría aquí. Entonces, ¿por qué me preocupaba constantemente por cómo haría frente a las cosas en el futuro? En el momento presente, siempre hay algo que pueda hacer y eso es lo que

olvidamos tan fácilmente. Casi siempre, los momentos en los que me siento infeliz son cuando pienso en algo que ya ha ocurrido o cuando me preocupo por algo que podría ocurrir. Así, si me centro en donde me encuentro en este momento, en el presente, puedo elegir ser feliz independientemente de lo que esté haciendo, tanto si estoy limpiando la casa, planchando o escribiendo este libro.

Piensa en tu ideal y comprueba si hay algo que quieras añadir. Si todavía no has alcanzado tu ideal, éste puede ser un buen momento. Consulta la idea 24, *Cumple tus sueños*.

Otra idea más...

«Vivir el momento presente, entrar en contacto con tu ahora, es la clave para vivir bien. Si lo piensas, en realidad no existe otro momento que puedas vivir. El ahora es todo lo que hay, y el futuro no es si no otro momento presente que vivir cuando llegue».
WAYNE DYER, autor y experto en autoayuda

La frase

¿Cuál
es tu
duda?

P **No puedo creer lo difícil que resulta vivir el momento presente. No tengo ni idea de cuánto he vivido en el pasado y en el futuro. ¿Será más fácil en adelante?**

R   *Esto es algo que todavía me plantea un reto. Para mí también supuso un gran descubrimiento, pero después es más fácil. El reto consiste en recordar hacerlo, así que busca una forma de recordarlo cada día. Aunque sólo lo hagas durante unos minutos al día, podrás apreciar un cambio en la forma en que vives tu vida y serás más consciente de ello en cada momento. Es como ir al gimnasio o hacer ejercicio: primero hay que concienciarse y después comprometerse con determinación hasta que sea como una segunda piel.*

P **¿No entra esto en conflicto con crear un ideal de vida para lo que hay que pensar en el futuro?**

R   *Entiendo lo que quieres decir y que parece que se trata de dos ideas enfrentadas, pero en realidad pienso que es justo lo contrario. Crear un ideal de vida y pensar en cómo quieres que sea tu vida es algo maravilloso. Sin embargo, pensar en ello todo el tiempo no es práctico porque de esta forma dejas de lado el poder del momento presente. Recuerda que sólo en el aquí y ahora podemos hacer algo que nos lleve hacia la consecución de nuestro ideal. Crea tu ideal y haz todo lo necesario en el presente para llegar a donde quieras ir.*

52

Sigue adelante

Espero que hayas adoptado algunas ideas nuevas y hayas creado un nuevo ideal de vida. Ahora puedes continuar por el emocionante camino de desarrollo personal para conseguir todo lo que desees.

Una vez que ha terminado la primera fase interesante de un proyecto, a veces resulta difícil seguir comprometido y entusiasmado con él. ¿Cómo se mantiene el progreso hacia el ideal?

NO OLVIDES LO QUE ES IMPORTANTE PARA TI

¿No te resulta extraño el esfuerzo que dedicamos a conseguir algo cuando nos hemos comprometido a hacerlo por otra persona, ya sea en casa o en el trabajo? Nuestra profesionalidad en el trabajo y nuestro amor por los demás en casa nos lleva a cumplir nuestras promesas. Por el contrario, cuando hacemos algo únicamente por nosotros mismos, por alguna razón a menudo perdemos el interés y empezamos a poner excusas. Así, puede que faltemos a una de las clases en las que estábamos aprendiendo una habilidad necesaria para conseguir nuestro objetivo; permitimos que otras actividades y «prioridades» reclamen nuestro tiempo. Hay una serie de cosas que me ayudan a mantenerme centrada en lo que es importante para mí.

Una buena idea...

Comparte tu ideal con tus familiares y amigos para que puedan comprender por qué te has planteado nuevos retos y actúas de forma diferente. Así es mucho más probable que te presten su apoyo y te ayuden a mantenerte centrado en tu sueño. Por supuesto, también es importante que les animes a crear su propio ideal. No olvides apoyar todos sus sueños, independientemente de cómo te sientas hacia ellos. ¡Se trata de su ideal de vida!

Anota tus objetivos de forma clara y precisa. ¿Cómo será cuando los alcances? ¿Cómo te sentirás? Pon la nota en un lugar visible donde puedas verla todos los días. Yo guardo la mía en mi diario; otras personas la ponen en uno de sus cajones o en el portabandejas. ¡Incluso conozco a una persona que diseñó su salvapantallas con su ideal! También guardo en mi diario una nota con los valores que busco para poder verla todos los días y me sirve de ayuda cuando tengo decisiones importantes que tomar.

Ver mi ideal constantemente implica que nunca está lejos de mis pensamientos y así sigo preguntándome a mí misma: «¿Qué puedo hacer hoy para acercarme un poco más a mi ideal?».

BUSCA UN COMPINCHE

Otra posibilidad es buscar a alguien que sea tu «compinche». Esto le ha resultado útil a mucha gente. Comparte tus ideas y tu ideal con otra persona; también puedes ayudarle a desarrollar su propio ideal. Así podréis trabajar en equipo para animaros e inspiraros mutuamente. Repasad vuestros planes y compartid vuestros progresos. Si crees que hay algún obstáculo para conseguir vuestros objetivos, ya sea en tu camino o en el suyo, utilizad preguntas incisivas para derribar los muros.

Yo animo a las personas que asisten a mis programas a utilizar el sistema del compinche. Se organizan en parejas, se intercambian los números de teléfono y hablan periódicamente durante unos cuantos meses para ayudarse mutuamente a la vez que ponen en práctica de forma gradual sus planes de acción. Todavía sigo en contacto con algunos de los asistentes a mis primeros programas ¡y después de nueve años todavía mantienen la relación con sus compinches! Este sistema realmente funciona.

Ya sea un compinche o recordatorios constantes en el trabajo o en casa, es necesario que utilices un sistema que te conduzca hacia la consecución de tus objetivos personales.

> La idea 24, *Cumple tus sueños*, analiza desde otro ángulo la consecución de tu ideal.

Otra idea más...

> «*El éxito consiste en focalizar todo el poder de lo que eres en aquello por lo que sientas un deseo ardiente por conseguir*».
> WILFRED PETERSON

La frase

¿Cuál es tu duda?

P **He encontrado un compinche con el que trabajar. Se trata de una buena amiga. Sin embargo, cuando la animé a que creara su propio ideal descubrí que lo que realmente quiere es vivir en Francia durante un par de años. Me siento fatal porque la echaré mucho de menos. ¿Cómo puedo entonces apoyarla para que realice su sueño?**

R *Puedo entender cómo te sientes, pero se trata de ayudar a alguien que quieres a cumplir su sueño y a alcanzar su potencial. Si le proporcionas todo el apoyo que necesita para lograr su objetivo, te sentirás recompensada en cualquier caso. Céntrate en lo que puedes darle y olvídate del resultado. Una amistad verdadera como la vuestra resistirá la prueba y estoy segura de que pasaréis muchos ratos felices tanto en Francia como en vuestro país.*

P **Quiero realizar algunos cambios en mi vida, pero no sé si realmente puedo efectuarlos. Sé que ahora no me siento totalmente realizado, ¿pero es el cielo realmente azul? ¿Qué pasa si alcanzo mi sueño y descubro que después de todo no es lo que quiero?**

R *A lo largo del camino para conseguir tu ideal seguramente habrá ocasiones en que desees realizar algún ajuste. Nada está escrito sobre acero. ¿Qué tienes que perder? Puedes descubrir que creas un nuevo sueño cuando alcances tu objetivo actual, pero habrás aprendido mucho por el camino y sin duda estarás más cerca del nuevo objetivo de lo que estás ahora. Según mi experiencia, raramente lamentamos las cosas que hacemos, pero casi siempre lamentamos las que no hacemos. ¡No abandones tu sueño!*

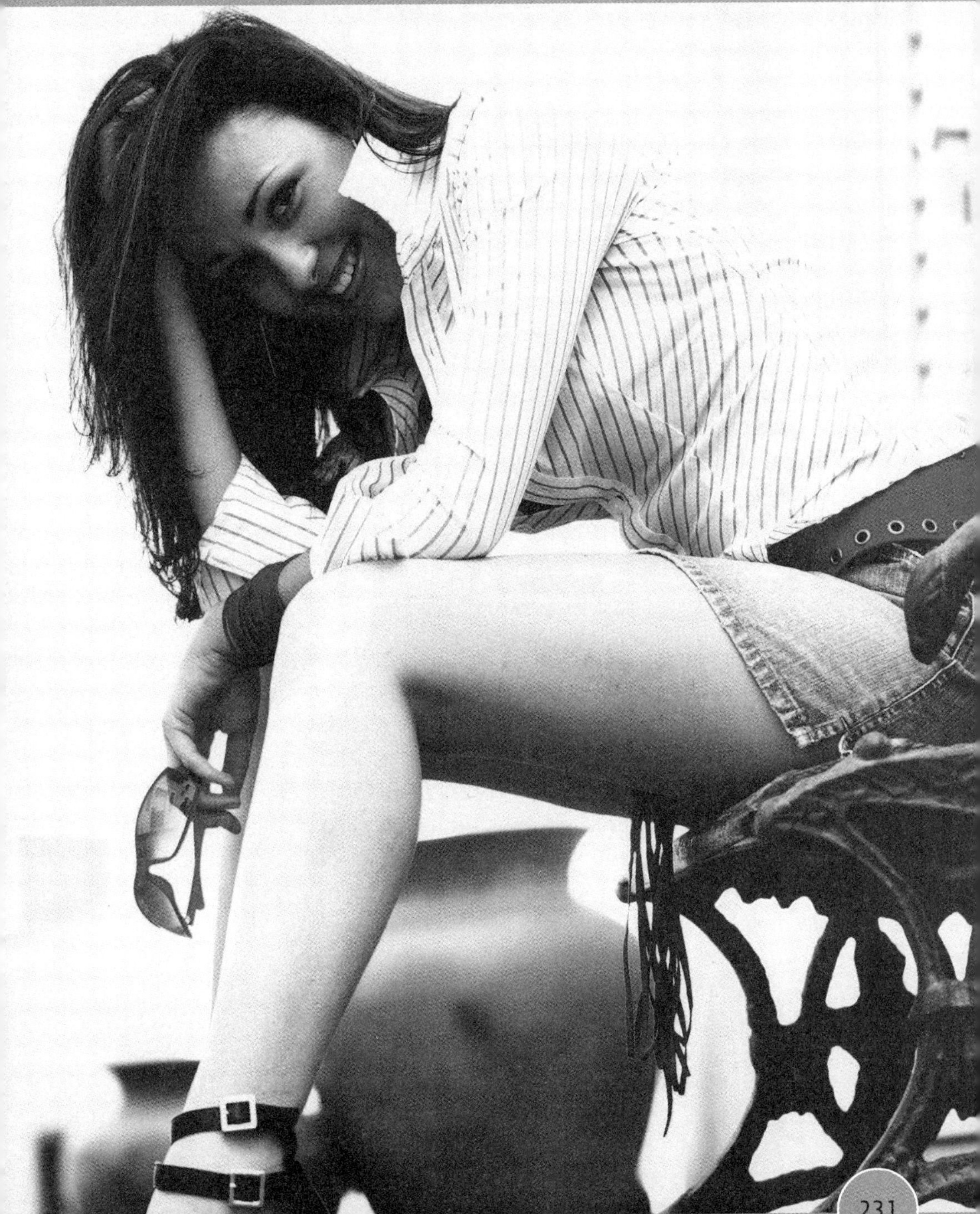

Agradecimientos

Hay tanta gente a la que quisiera expresar mi agradecimiento que no sé por dónde empezar. En primer lugar, sin Philip Blackwell, que me decía que debía escribir este libro y que me presentó a Richard Burton, no estaría escribiendo esto de ningún modo, así que un enorme gracias a ti por motivarme y otro especialmente para Richard por apoyarme y animarme. Ken, sé las angustias por las que pasaste intentando entrar en mi cabeza para ayudarme a escribir este libro, que no podría haber hecho sin ti. ¡Sólo siento que mi cabeza fuese tan dura! Existen muchos «gurús» del desarrollo personal pero tres de ellos me han impactado profundamente. Wayne Dyer y Patch Adams son memorables para mí en aspectos diferentes. Nancy Kline es una de las personas especiales del mundo y la mayor parte de mi trabajo se basa en sus enseñanzas. Gracias Nancy por ser fuente de inspiración, una magnífica instructora y profesora, simplemente por ser tú.

Hay tantos clientes, compañeros y amigos que me han servido de inspiración y que han sido mis maestros, que es imposible mencionarlos a todos. Cada una de las personas con las que he trabajado, a las que he guiado y enseñado han contribuido a mi desarrollo personal de alguna manera. Si no me hubieseis obligado a explorar mis propios pensamientos ahora no estaría donde me encuentro. Sí me gustaría mencionar a un par de ellos. Scott Davidson, que tuvo la suficiente fe en mí como para pedir a una mujer sin título de ninguna clase que fuese su instructora, me animó a que «siguiese mi camino sola», a que creyese en mí misma y a que no sintiese la necesidad de incorporarme a una gran empresa. Su repentina y trágica muerte dejó un vacío en mi vida que siempre estará ahí. Michael O´Byrne, que tuvo la valentía de llevar mi trabajo a la policía. Siempre fuiste un inconformista y guardaré como un tesoro las palabras que me dijiste en la fiesta de mi sesenta cumpleaños.

Todos mis amigos y compañeros me sirven de inspiración y nunca dejan de sorprenderme; sois todas personas muy especiales. Jim y Kirsten, sois un ejemplo viviente de lo que enseñamos y es impresionante el impacto que ejercéis sobre tantas vidas. Christine, sin ti este libro nunca hubiese visto la luz, diste tanto de ti misma que casi te quedas en el intento. ¡Te debo una! Eres mi mayor apoyo y mi mejor y más querida amiga. Sherilyn, has entrado en mi vida hace poco y espero que nunca salgas de ella: incorporarte a mi empresa es lo mejor que jamás he hecho. Como compañera y como amiga me has conmovido mucho más de lo que puedes imaginar. Bruce y Hazel, ¿qué hubiese hecho sin vosotros? Hazel, ¿qué puedo decirte? Mi mejor amiga durante veintiséis años. Siempre has estado a mi lado, en los buenos y en los malos momentos. ¡Siempre me has animado y apoyado sin quejarte nunca! Mi vida es mucho más rica porque tú estás en ella. Tanta gente maravillosa. Si os mencionase a todos llenaría páginas y páginas, pero espero que todos sepáis cuánto os aprecio a todos y cada uno de vosotros.

Supongo que no puedo terminar esta lista sin un gran «gracias» para mis tres ex maridos. Sin estas experiencias no estaría donde me encuentro hoy. Me alegro especialmente de que Bob se convirtiese en un buen amigo y me entristece que se perdiese este libro sólo por unas semanas. También a Mike, y espero que puedas asumir las referencias a ti y te agradezco también tu gran discurso en mi sesenta cumpleaños.

Y lo mismo puedo decirle a mi familia, a toda ¡la pasada y la presente! Todos habéis sido estupendos y estoy segura de que algún día escribiré unas memorias sobre todos vosotros, especialmente sobre Papá. James, Richard, Lucy, Emma y Mark, mis encantadores hijos. Gracias a vosotros encontré el valor necesario para salir del agujero y seguir adelante cuando las cosas eran muy difíciles. Es maravilloso veros establecidos y felices y os doy las gracias por ser unos seres humanos tan maravillosos. Leslie, gracias por regresar a mi vida y ser un hombre tan especial. Espero que siempre estés ahí para quererme, animarme y apoyarme.

Por último, dedico cada una de las páginas de este libro a mi querido Phil. Puede que sólo vivieses veintiséis años, pero me enseñaste muchas cosas. Eras un hijo muy especial y me siento honrada de haber sido tu madre. Sin ti no hubiese tenido el coraje de darle la vuelta a mi vida. El catalítico hecho de tu muerte me ha permitido influir positivamente en muchas vidas. Todo es gracias a ti, mi querido hijo.

¿Dónde está?

El final

¿O a lo mejor es el principio?

Esperamos que las ideas de este libro te hayan servido de inspiración para probar cosas nuevas. Ya debes haber iniciado el camino hacia tu mayor realización, creatividad e inspiración, rebosante de ideas y ambición. Lo estás intentando, estás motivado y no te importa quién lo sepa.

Así que, ¿qué te parece si nos lo cuentas? Dinos cómo te ha ido. ¿Qué te sirvió, qué te ayudó a vencer el demonio que te impedía cambiar? Quizá tengas algunas recomendaciones de tu propia cosecha que deseas compartir (ve a la página siguiente si es así). Y si te ha gustado este libro puede ser que encuentres que tenemos más ideas inteligentes que pueden transformar otras áreas de tu vida a mejor.

Encontrarás al equipo de *Ideas brillantes* esperándote en www.52ideasbrillantes.com. O si lo prefieres, envía un correo electrónico a 52ideasbrillantes@nowtilus.com.

Buena suerte. Y usa la cabeza.

OFERTA Nº1: SÁCALE PARTIDO A TUS IDEAS

Esperamos que hayas disfrutado de este libro. Esperamos que te haya inspirado, divertido, educado y entretenido. Pero no asumimos que eres un novato o que éste sea el primer libro que has comprado sobre el tema. Tienes ideas propias. A lo mejor nuestra autora ha obviado alguna idea que tú has utilizado con éxito. Si es así, por qué no nos la envías a 52ideasbrillantes@nowtilus.com y, si nos gusta, la pondremos en nuestro tablón de anuncios. Mejor aún, quizás incluso obtengas alguna recompensa...

OFERTA Nº2: NO TE PUEDES RESISTIR

Escríbenos si tu empresa (u organización) quiere adquirir alguno de los títulos para uso interno, incluso personalizado o «editado a la medida». Estos libros son eficacísimas herramientas de formación y motivación. Podréis disfrutar de interesantes descuentos en compras al por mayor y magníficos precios para «ediciones personalizadas a la medida».

Envíanos un email a: editorial@nowtilus.com explicándonos tus necesidades.